跨境电商与多语言服务创新型人才培养

四川外国语大学学生创业案例集

Cross-border E-commerce and the Training of Innovative Language Service Professionals: Entrepreneurship of Students in SISU

张季菁　秦　勇◎主编

勇往直前——松山教育逐日前行

英雄梦想——编织中意文化纽带的民间使者

守住初心——专注汉语言的情怀

知行合一——筑起儿童教育城堡

想做就做——个创意先锋的折腾之路

坚持梦想——颗小石头子的发展之路

不负韶华——执着女孩的电商之路

长风破浪——电商养成记

不让须眉——出走非洲的女版光头强

内外兼修——重庆妹子寻美之旅

铸梦荆棘——险象环生的外贸路

青春怒放——从少年到“三个奶爸”

中国经济出版社
CHINA ECONOMIC PUBLISHING HOUSE
·北京·

图书在版编目（CIP）数据

跨境电商与多语言服务创新型人才培养：四川外国语大学学生创业案例集 / 张季菁，秦勇主编. —北京：中国经济出版社，2018.8

ISBN 978-7-5136-5233-9

Ⅰ.①跨… Ⅱ.①张… ②秦… Ⅲ.①大学生—创业—案例—四川 Ⅳ.①G647.38

中国版本图书馆 CIP 数据核字（2018）第 122893 号

责任编辑 夏军城
责任印制 马小宾
封面设计 任燕飞

出版发行 中国经济出版社
印 刷 者 北京九州迅驰传媒文化有限公司
经 销 者 各地新华书店
开　　本 700mm×1000mm 1/16
印　　张 11
字　　数 109 千字
版　　次 2018 年 8 月第 1 版
印　　次 2018 年 8 月第 1 次
定　　价 48.00 元
广告经营许可证 京西工商广字第 8179 号

中国经济出版社 **网址** www.economyph.com **社址** 北京市西城区百万庄北街 3 号 **邮编** 100037

编委会

主　编　张季菁　秦　勇

副主编　张雪松　李明蔚

参　编　张　琦　张霭旼　张　坤

邓　琼　余　岚

前 言

2014 年 9 月夏季达沃斯论坛，国务院总理李克强提出“大众创业、万众创新”的倡议。2015 年，国务院办公厅出台《关于深化高等学校创新创业教育改革的实施意见》（国办发〔2015〕36 号）。2016 年 5 月，中共中央、国务院发布《国家创新驱动发展战略纲要》，纲要指出：“创新驱动是国家命运所系……创新驱动是世界大势所趋……创新驱动是发展形势所迫……”“创新驱动”国家战略的确立，极大地鼓舞了怀有创业梦想、充满热情和干劲的大学生积极投身于创新创业的浪潮中，涌现出了一大批创新创业的优秀典型，为广大青年学子树立了榜样。

2009 年，四川外语学院（2013 年 4 月更名为四川外国语大学）开设《创新精神培养及创业教育》选修课，并设立 100 万应届毕业生就业创业基金。2014 年以来，学校先后开设《创业基础》《大学生创业基础》《大学生职业核心能力培养》《创新精神培养及创业教育》《网络创业理论与实践》等课程，引导大学生创新创业。授课过程中，老师们引用了大量身边“川外人”的创业案例，进一步激发了川外学子的创业热情。四川外国语大学先后支持了近 50 余项毕业生项目，带动了 300 多人就业，实现了“创业带动就业”的创业工作目标。征集身边“川外人”创业典型案例，汇编成册，为后来者提供创业参考的动议应运而生。

2016 年，学校响应国务院办公厅《关于深化高等学校创新创业教育改革的实施意见》精神，修订学籍管理规定将创业休学单列。由此，我校出现了重庆市第一位休学创业的学生——胡树林。2017 年，四川外国语大学跨境服务微型企业园被评为重庆市大学生创业示范基地（第四批）。2018年，按照重庆“两高”“两点”“两地”的国家战略及城乡统筹发展的地方特色，结合学校服务地方经济建设的总体要求，学校扩建创新创业园区，聚焦“跨境电商”及“多语言服务”两个板块，确立了“对外一带一路，对内精准扶贫”行动定位。

近日，学校出台《四川外国语大学关于推进创新创业教育工作的实施意见》《四川外国语大学大学生创新创业教育专项经费管理办法》《四川外国语大学创新创业教育学生资助及奖励办法》和《四川外国语大学创新创业教育教师奖励办法》等“1+3”配套文件，通过给予专项经费支持、课时量折算、科研量折算等方式支持鼓励专业教师、学生积极加入双创工作及创新创业教育；设置创新创业学分，将创新创业教育与人才培养方案相结合。

学校围绕人才培养目标，以提升大学生创新创业能力为核心，以创业教育和专业教育深度融合为主线，以优化创业课程体系、构建“1+n”（校级＋院系级）两级创新平台、打造导师队伍、精培促进孵化质效为重点，构建立足专业、分层分类、深度融合、多维协同的创新创业教育生态体系。为进一步展示近年来“川外人”在创新创业上的拼搏精神，本案例集的编写工作正式立项启动。

编写小组采写了自2009年以来川外学子在跨境电商和多语言服务两个板块的16个典型创业案例，涉及教育、咨询、培训、对外贸易、文化创意、对外交流、时尚、设计等多个行业领域。他们的创业成果让我们欣慰；他们为实现目标愿景所表现出的勇气与坚持、适应与反思、独立与主动让我们感动；他们的创新行动力和创业精神更彰显了“川外人”的理想与胸怀！

一个个年轻的创业者，用他们不凡的奋斗历程谱写出了华美的创业乐章。每一个故事里都浓缩了他们丰富的创业经验，为在校的同学提供了可鉴之策。这些创业先锋有的是先实习，在实习中找到创业“痛点”，走上创业之路；有的是直叩创业之门，披荆斩棘，在社会这个大熔炉里百炼成钢。

而那些曾让创业者们险些“过不去的坎儿”，之后都成了天赐的财富。因为在这个过程中，锻炼了心志，体验了人情冷暖，考验了人性，让他们懂得了什么是坚持，什么是梦想，什么是初心。

四川外国语大学建校68年来，已经为国家培养了10余万名优秀毕业生。校友遍布全球，从行业领袖到平凡劳动者，无不扎根自己的岗位践行着“开放、包容、求实、创新”的川外精神。书中16位创业奋斗者，只是“川外人”的一个缩影。广大校友用他们的创造力、行动力，取得了令母校欣慰的业绩。他们的经历，需要我们进一步去挖掘、总结、传播。本次出版的创业案例集，只是一个起点，我们将投入更大的热情更多的努力，以期出版更多内容丰富、可供在校学生参考的创业故事类图书。

本书出版过程中，得到了学校有关单位的鼎力支持，他们认真组织、积极推荐，给予了编写组莫大的帮助。在此，一并感谢！

由于时间仓促，采访深度广度不一，难免挂一漏万，不当之处，敬请指正。

编　者

2018年6月

目 录

跨境电商篇

不负韶华
——执着女孩的电商之路 / 3

长风破浪
——电商养成记 / 13

坚持梦想
——一颗小石头的发展之路 / 23

不让须眉
——出走非洲的女版光头强 / 31

内外兼修
——重庆妹子寻美之旅 / 41

青春怒放
——从少年到“三个奶爸” / 51

铸梦荆棘
——险象环生的外贸路 / 61

多语言服务篇

学以致用
——投身教育事业 / 73

想做就做
——一个创业先锋的折腾之路 / 81

快马扬鞭
——做网生短视频 IP 的摸索者 / 93

梦生梦胜
——一个支教生的逐梦之旅 / 103

守住初心
——专注汉语言的情怀 / 111

勇往直前
——松山教育逐日前行 / 121

英雄梦想
——编织中意文化纽带的民间使者 / 129

语言之韵
——专业情怀造就的创业之路 / 143

知行合一
——筑起儿童教育城堡 / 153

跨境电商篇

不负韶华
——执着女孩的电商之路

人物志

姓名：马笑春

入学年级：2003 级

入读学院：英语系（现更名为英语学院）

就读专业：英语专业

创业项目

重庆茵特莱贸易有限公司，从事灵芝、香菇、木耳和银耳等农副产品跨境贸易。

【创业故事】

统筹资源，“执着女孩”的创业之路

临近毕业，马笑春发现语言类专业就业形势不容乐观。自己到底要做什么？这个问题，变得越来越紧迫起来。

经过激烈的思想斗争，马笑春决定自己创业。用一句时髦的话说，就是就业不如创业。

昔时有朋友做传统贸易，做传统农产品销售的，主要有蘑菇、香菇等菌类，马笑春也加入其中。但是做传统外贸每年要参加展会，成本很高。马笑春想着能不能做电子商务，做农产品的跨境电商？

萌生了这个想法后，马笑春开始搜集各方面信息。但做跨境贸易，首先得选择一个平台；要入驻平台就需要注册公司。做食品类贸易，还有检验检疫相关手续，知道报关流程，还得有报关员资质……每一个准入门槛，对马笑春而言都是一个难关。但执着的马笑春，还是执拗地踏上了电商创业之路。

选择哪个交易平台，马笑春犯难了。当时可以选择的电商平台不少，但综合来看阿里巴巴国际站更符合国内中小企业，所以她选择了阿里巴巴。结合市场调研，考虑各国市场对菌类食品的接受程度，马笑春把目光投向了日韩市场。因为日本人和韩国人讲究和注重食材的新鲜度及营养价值，菌类等农副产品在日本韩国特别受欢迎。马笑春是电商业务的新手，对如何开展业务几乎一窍不通。为了尽快熟习业务，她一边申请注册国际平台，申领相关资质；一边在一家杭州贸易公司“卧底”（员工）两个月，熟悉基本流程。那两个月，马笑春是实习生，没有工资。每天要学习最基本的平台操作方法和流程，没有人教她，全靠自己问，自己学。很枯燥、很乏味。身在异乡的马笑春有几次都想放弃，但最后还是咬牙挺了过来。

工作中的马笑春

经过两个月的实习操练，马笑春摸清了跨境电商的整个业务流程。随后，相关资质也拿到了，马笑春从此踏上了跨境电商之路。

不断学习　学本领长见识

马笑春创业过程中，结识了志同道合的好姐妹兼联合创始人，毕业于重庆大学的刘盈含。俩人都对跨境贸易的知识体系不太了解。于是决定加强理论学习，自学国际贸易相关知识。虽然“骨头”难啃，但是她们对未来充满信心。经过系统学习，她们对外贸、内贸两方面有了更清晰的认识，坚定了信心。在开拓市场过程中，她们发现日韩市场虽然对菌类等农副产品接受度高，但市场相对狭小。她们决定把产品推销到更多的国家与地区。一次，在与一位加拿大客户聊天时，她们发现把菌类等农副产品销往欧美市场并非没有可能；但前提是，得有大数据对各地区的需求进行整合。于是，马笑春、刘盈含和团队一起，通过网络、平台等渠道，调查分析不同平台在不同地区的影响力；重新调整思路和运营平台，壮大团队，整装出发。

调整思路　输入新鲜血液再出发

2017 年 5 月，马笑春和刘盈含招募了五位初出校园的大学毕业生，组成了一个年轻团队“茵特莱”。

团队成员与希腊客户洽谈

重庆茵特莱贸易有限公司依然从事灵芝、香菇、木耳和银耳等农副产品的出口业务。马笑春凭借丰富的外贸谈判经验和扎实的语言功底，带领年轻团队一起，一举成为重庆外贸行业的新标杆。她们兢兢业业，一路攻关克难。公司营业额在短短三个月内升至重庆外贸前十，成为行业内最有潜力企业。

像《论语》讲的一样：“富而可求也，虽执鞭之士，吾亦为之。如不可求，则从吾所好。”

创业的路，虽是艰辛的，但只要抱有希望和梦想，一定会获得快乐和成就感。

对于公司五位新队员而言，从“小白”（新手）到操盘能手，其中的付出和艰辛难以想象。其中一成员说，压力最大的还数第一次调整 P4P 外贸直通车。当时还只是兼职人员，忙于工作又兼顾学业。刚接触外贸直通车的那一周，每天必须花很长时间琢磨数据，研究平台规则，经常忙到凌晨。碰巧又是第一次接到询盘客户，这位客户来自沙特阿拉伯首都利雅得，与重庆时差五个小时。这位客户习惯于早晨七八点查看邮件，也就是北京时间凌晨两三点。为了能及时与他交流，每晚整理完直通车数据之后，还要熬夜等待客户回复邮件，解答他的疑问。早晨六点又早早起床，争取机会与客户沟通。

创业虽然艰难，但好在还有陪伴于身旁的茵特莱大家庭。她们从陌生到相识，从相识到相伴。五个月时间，让她真真切切地感受年轻一代的创业激情。

另一位团队新成员是一个“95后”女孩，原本就想着毕业后找一份稳定的工作，有一份稳定收入，为家里减轻一些负担。可计划总赶不上变化，一个偶然时机她遇到了“茵特莱”，一群富有青春活力、朝气蓬勃的年轻人。她抛弃了安于现状的想法，放手一搏，毅然加入了“茵特莱”团队。开始压力很大，虽然大学学的是国际经济与贸易专业，但对于阿里巴巴国际站她什么都不懂。为了跟上大家的步伐，她每天利用大量时间学习阿里巴巴国际站后台相关资料。目的就是能更快地融入，发挥自己所长，和团队一起成长。2017年我国向世界各国发起“一带一路”倡议，更加增强了她的信心。她相信，茵特莱的未来会更加美好！

茵特莱团队办公现场

2017 年 6 月 27 日这天，当马笑春找到她，问她愿不愿意做外贸，运营阿里巴巴国际站？她心底更多的是感激。她感激这份知遇之恩，谢谢那份肯定。同时，也要感谢自己的坚持，感谢自己做事的态度。这是一个“95 后”少女又一次真正的成长。

其他几位新成员认为，大学时她们努力学习国际经济与贸易专业知识，参与学校主办的各种社会实践活动，既增长了理论知识，又为创业打好了基础。

信息化时代，竞争越来越激烈，很多人选择自己创业。她们也同样萌生了创业的想法，可是不知道该做些什么。正当内心无比纠结时，突然想到重庆的未来发展趋势。作为中西部地区的重心，渝新欧的起点，新外贸——跨境电商的发展必然成为重庆发展的重点。跨境电商如一股热潮向重庆涌来，如果利用好这一发展趋势自主创业，无疑为一种驱动力。她们意识到随着大数据时代的到来，跨境电商作为一种新型外贸方式，完全可为她们所用。利用大数据整合资源，利用重庆未来的发展趋势，为自己的理想添砖加瓦。

2018年，不仅是贯彻党的十九大精神的开局之年，也是实施“十三五”规划承上启下的关键一年，同时是改革开放40周年。对于重庆而言，遵循党中央“两点”“两地”定位和“四个扎实”要求，充分发挥西部大开发重要战略支点、“一带一路”和长江经济带连接点的特殊区位优势，前景广大，意义深远。同时，阿里巴巴的区域中心落户两江新区。作为跨境电商新外贸的一分子，茵特莱当然要利用好这一优势。2018年，作为茵特莱公司的发展元年，加强互联网平台、人才培训、新外贸合作等，顺应重庆的发展定位，是她们的重中之重。

对于马笑春带领的新团队“茵特莱”而言，未来也许艰辛不断，坎坷也会接踵而至；但她们相信，即使在雨夜，队员也会擦干脸上的泪水，拍拍胸脯，淡定地对自己说：“我，从不畏惧。”只要坚持，雨夜终会过去，黎明就在眼前。

【导师点评】

1. 跨界心态、专业精神，是创业成功的“一体两面”

看了茵特莱团队的创业故事，想必大家都受益匪浅。不仅仅对创业多了一层认识，更意识到除专业知识，能力与品质同样重要。马笑春认识到，各类翻译软件和工具已严重威胁语言类专业毕业生的就业前景，应及时转向其他领域并进行自我学习。摒弃专业所长而投身于自己不擅长的领域不是每个人都敢尝试的。但她做了，而且做成了。除了勇气，拥有一双发现商机的眼睛对于创业者至关重要，甚至直接影响创业的成功与否。电子商务近年来大热，马笑春认识到了这一点，并成功地抓住了机会。她没有选择直接创业，而是不断学习提升自己的综合能力。现在有许多大学生也有创业想法，但大多数人都急于求成。大家应该向她学习，学会自我积累进而厚积薄发。创业过程不可能一帆风顺，其中最常见的一个问题就是创业的激情褪去后，创业者必须学会面对日复一日的枯燥和乏味。但我们有必要知道，我们觉得困难和疲倦，那是因为我们是在走上坡路；唯有牢记初心，时刻从外界寻求创业动力才能够成功登顶。

2. 方向比努力更重要

许多人会问这样一个问题：如果创业中途发现走错了方向怎么办？这个团队给了我们一个正确答案，那便是重新开始。随着对市场了解逐渐深入，发现现实情况和设想不一样是件很正常的事，但这样一件正常的事情却常常使创业者士气严重受挫。她没有抱着错误计划死磕，而是灵活应变，大胆开拓新市场。正是因为马笑春的胆大心细，才让茵特莱三个月内就进入重庆外贸前十。

3. 互补型团队是创业成功的保障

创业的成功不是个人的成功，而是团队的成功，团队成员各有其闪光点。茵特莱团队中两位成员分别给了创业大学生几点启示，前者告诉我们时间不能打败创业，怠惰才能。后者告诉我们稳定固然是一种不错的生活状态，但面对时代发展，趁年轻为梦想多试错也许是更好的选择。正如雪莱所说，“过去属于死神，未来属于你自己”。不要让曾经的认识和经历禁锢了你对未来的追求。发现自己和别人有差距时，不能让压力击退激情，而应选择迎难而上，让自己成长起来。

长风破浪
——电商养成记

人物志

姓名：范妮妮

入学年级：2005 级

入读院系：英语系（现更名为英语学院）

就读专业：英语（国际关系）

创业项目

易立得电子商务（深圳）有限公司（简称 ELEAD），一家年轻的跨境电商企业。以电子商务跨境出口为核心业务，致力于将中国优秀的供应链产品通过阿里巴巴、亚马逊等专业第三方电子商务国际平台销售到世界各地。

【创业故事】

只身闯非洲，跨界做贸易

2009 年毕业后，凭着过人胆识，范妮妮只身一人跟随一家中国公司到非洲安哥拉发展，职位是葡萄牙语翻译。为了尽快适应挑战，她下苦功夫用半年时间熟练掌握了葡萄牙语。从建筑工地监理的小翻译到公司董事长的口译陪同，她出色地完成了公司高层领导接洽当地政要的各种翻译任务。这样的经历煅造了她外向开朗、吃苦耐劳的性格，坚持隐忍、随机应变的风格气质。

易立得电子商务（深圳）有限公司

但在非洲工作 7 年，回国休假发现自己和国内社会严重脱节。国内朋友习以为常的支付方式和生活习惯等，她完全不懂；范妮妮担心再这样下去，自己会被社会淘汰。于是 2016 年初毅然放弃高薪，辞职回国发展。因为是语言专业出身，她选择到沿海地区发展，到深圳边学习边找工作。不久，她跟一个在深圳做了多年外贸的朋友Julia联系上了。跟Julia一番沟通，范妮妮发现跨境电商贸易很适合语言专业出身的自己。两个人一拍即合，马上动手，成立了易立得电子商务（深圳）有限公司，正式进军外贸行业。

范妮妮在非洲担任翻译

经过两年摸爬滚打，公司从最初的两人发展状大为目前的15人，业务范围也从最初的欧美国家扩大到中东、北美洲、南美洲和非洲等100多个国家和地区。

范妮妮自述：

创业初期，我只是想自己做点事情，对外贸知识一无所知。不知道该做什么方面的外贸，不敢租办公室，也招不到人，只能两个人一点一滴摸索。选错了产品就赶紧调整方向，估算错了国际运费就自己贴钱把产品寄给客户；知识不够，就去参加各种交流会、选品会、培训班；与客户见面详谈，事前要花很长时间准备……一边摸索一边学习，比高中比大学还勤奋，后悔大学里浪费了好多时间。

这样的坚持付出是有效的。“雄关漫道真如铁，而今迈步从头越。”既然进入一个新行业，就要一切重新开始。不因陌生而踌躇，不因困难而放弃，这样才能走得更远……

创业初：卧薪尝胆，初露锋芒

“梅花香自苦寒来，宝剑锋从磨砺出。”卧薪尝胆没日没夜坚持了近一年时间，易立得初创团队通透了跨境贸易的各个环节，优化了采购和物流方案，明确了发展方向和客户群体。2016 年下半年公司把主要精力集中在有潜力的产品和周边产品的开发维护上，另外加强了对原有客户的售后沟通和反馈。终于初创团队年底把产品做成了平台该品类前五名供应商。

客户来访

有关创业感想，范妮妮最想说的是：对于初创创业，合伙人比商业模式重要得多。一年的拼搏努力，范妮妮的合伙人 Julia 给予她最真挚的信任和帮助。所有跟外贸有关的最基础的概念和操作流程，Julia 都手把手地教她。犯了错误，她们一起面对承担；出现分歧，两个人讨论到大半夜；一方有事，另一个则坚守岗位。所以，一定要选择志同道合的合伙人。

创业中：天地人和，顺利转型

2017年春节后，在安哥拉工作的老领导回国经过深圳。了解到范妮妮在创业，凭借对范妮妮的了解和信任，主动注资协助，并对她进行了系统的管理培训和选品指导。易立得团队意识到产品和平台的单一化及专业人员的缺失无法成就一项长久的事业。2017年5月，焕然一新的易立得公司搬进了新的办公楼，组建了八人跨境外贸小团队。新团队经常走访不同工厂，开发各种顺应市场需求的新产品，对比供应商的优劣。请供应商的研发人员给管理人员讲解新品设计，直到每个员工熟悉产品的各项参数和操作方法为止。

易立得亚马逊团队对刚投入市场的产品进行数据分析和研讨

另外，团队定期开展员工头脑风暴，讨论市场动向。公司从最开始的单一外贸平台推广发展到四个小团队在四个独立而成熟的平台同时推广产品。工作之余，公司不定期带领员工外出团建活动，为员工举办生日会，发放节日红包，组织员工一起看电影、包饺子、煮汤圆、爬山等，增进员工之间的信任和对公司文化的认同。在这样的工作氛围中，易立得公司没有一个员工流失。

员工生日会

员工一起包饺子

对于管理这一块，范妮妮认为，“磨刀不误砍柴工”。一定要做好充分准备再向目标靠近，一步一个脚印完成各个阶段的目标和任务。要多向行业领头羊吸取经验，任何决定和投入都要基于市场的充分调查和数据分析。一定要从行业专业数据库中拿取数据进行分析。改款产品是否涉及产权问题或者是否适用公司的市场定位和客户群体？是否有季节性？是否有生命周期？是否有改进空间？需要多少资金投入？滚动周期为多久？……总之，多问几个为什么。找出答案，再一起分析讨论拿出最佳方案。久而久之，整个团队的综合能力就会有明显提升。

另外，团队凝聚力也很重要。员工的不离不弃，是公司不断前行的动力。所以，要加强员工的互动，营造轻松愉悦的工作氛围，让员工有归属感。

今：招贤纳才，蓬勃发展

“长风破浪终有时，直挂云帆济沧海。”基于2017年大半年的尝试和调整，基于市场形势及去年各平台销售情况的反复分析，易立得确立了更精准的任务和方向。人员将增加一倍，重点将聚焦中东、南美洲、中欧一些国家。针对地区文化和地理特性，公司招聘了几位西班牙语专业新人，并向这些市场投放了一些有地域特色的产品。

预计2018年，公司总销售额将达到150万美金，核心团队人员稳定在15人，并将成为重点市场的前三位供应商。

范妮妮一直深信一条最普通的真理：Where there is a will, there is a way。（有梦想，就有未来）遇到困难，多思考多总结，坚持坚持再坚持，必将有收获。

相信自己，相信团队

四川外国语大学的毕业生素质很高。所以，范妮妮欢迎有愿意进入外贸行业的学弟学妹加入易立得！易立得大门长年向他们敞开。

【导师点评】

1. 识别创业机会是成功创业的第一步

狄更斯说过，机会不会上门来找；只有人去找机会。创业者一定要善于发现商机。范妮妮善于发现，找到了创业机会。在非洲工作的她，感受到了国外与国内生活的反差，甚至有社会脱节的感觉。这时，她不仅是简单地重新找工作，而是在找工作过程中寻找商机。

2. 团队建设能力是开展工作的重要一环

从开始的两人互补型团队，到8个人的外贸小团队，直到现在15人团队，体现出了其较高的团队建设、管理能力。员工生日会，发放节日红包，组织员工一起看电影、包饺子、煮汤圆，爬山等活动更是加深了团队成员间的感情。通过这种方式让团队心往一处拢，劲往一处使。

3. 任何一个创业成功者，都是资源整合高手

合理利用资源是创业者必不可少的一种能力。范妮妮的老领导知道其创业后，主动向其投资。这既是老领导对其品行的肯定，也是对其能力的认可；同时也反映了她对资源的整合利用能力。通过资源积累，将处于初创阶段的公司引入正轨。

4. 读懂政策，把握趋势，创业事半功倍

善于分析创业政策大环境，也是创业者所必需的。电子商务，完全符合党中央提出的“一带一路”倡议。“一带一路”倡议是我国深化对外开放，加强与沿途各国互利共赢合作的重要举措。在“一带一路”倡议背景下，跨境电商如同网上丝绸之路。大力推进“一带一路”倡议对跨境电商产业具有重要意义。

坚持梦想
——一颗小石头的发展之路

人物志

姓名：张轲

入学年级：2005 级

入读院系：日语系

就读专业：日语语言文学

创业项目

深圳市轲世珠宝有限公司，从事定制珠宝的加工和设计业务，服务于轲世珠宝自主品牌；同时承接其他珠宝设计师或珠宝工作室的设计加工。自主品牌珠宝已远销多个国家。

【创业故事】

坚持走自己的路

张轲，2009年毕业于四川外语学院日语系日语专业。张轲一直有一个梦想，就是背上背包，只身去看看外面的世界。

2009年毕业之际，张轲顺利应聘到深圳一家公司。工作一段时间，张轲发现自己始终忘不了那个梦想。于是，她毅然辞去了待遇优渥的工作，开始谋划起一个人的背包旅行。她一路南行，走访印度，到达恒河，游历尼泊尔等地。背包旅行过程中的一幕幕，让她领会了世界到底有多大，更加坚定了她不甘于平庸的志向。

国外走了一圈，回到国内希望找一份自己喜爱可以胜任的工作。虽然面试了四家公司并拿到了三个录用通知，但是这里面并没有她喜欢的工作。于是想挑战自己，产生了创业的念头。张轲决定试一试。张轲觉得试了可能会失败；如果不试，将来一定会后悔。家人问她："创业失败了怎么办？"她回答："从头再来，大不了还可以重新找工作。"就这样顶着家人的质疑与反对，她毅然决然地选择走自己想走的路。很多创业者，期初最大的难关就是过自己这一关，和自己作思想斗争。自己与自己做思想斗争很难，能坚持下来就是强者。

创意珠宝，展翅高飞

创业过程中，培养兴趣至关重要。张轲把创业当作自己的兴趣。兴趣是最好的导师，做自己感兴趣的事才不会过于焦躁，而创业最忌讳的就是焦躁。把创业培养成兴趣，灵感才会源源不断，这是她做饰品时的创意来源，更是她转型做珠宝的倚仗。

2011 年张轲成立轲饰上品有限公司，从主营温米尔（Winmir）时尚饰品做起。刚开始仅是贴牌，并没有自行研发设计。慢慢张轲发现自己对产品的研发产生了兴趣，特别是旅行的那段经历及女性的视角让她灵感源源不断。她开始自己设计产品。产品设计好之后，寻找加工厂、电镀厂、包装厂，一步一步一个人独自做下来。张轲对饰品的研发和加工全盘掌控。饰品设计加工完成后，就要进入销售环节。张轲从拍照做起，自己撰写营销文案，操持线上运营线下活动，独立驾驭整个运营过程，为日后的珠宝公司转型打下了坚实基础。初始的时尚饰品创业投入很低，成本及风险控制较好，小赚了一些。但也有两款产品由于设计失败，一件没有卖出去。因为公司的产品定位在“原创设计”，走小范围小众路线，没有受到市场太多冲击，张轲成为行业的佼佼者。

2013 年起随着公司业务顺利开展，张轲又开始了另外一个创业项目。她发现国内对黄金和钻石的需求量很大。而国内对珠宝定制、红蓝宝石及祖母绿等贵重宝石的认识还比较落后。她坚信随着人们生活水平的提高，民众对宝石的购买力必然会上升，对珠宝的鉴赏能力将大幅度提升。整个市场有很大发展空间，只要定位好风格，肯定能分到一杯羹。张轲的产品定位开始由时尚饰品向珠宝转型。2013 年她成立“轲”珠宝定制工作室。在公司成功转型五年之后，张轲发现自己当初的选择没有错。现在珠宝业竞争非常激烈，特别是在城市。消费者已经开始去品牌化，选择珠宝定制工作室。由实用主义购买需求上升至审美鉴赏范畴。人们开始选择符合自身个性的珠宝饰品，不再是“黄金三件套”或“钻石恒久远”。也不再是一件珠宝一辈子，一两年（甚至更短时间）购买多件珠宝的消费者日渐增多，单件珠宝消费额也有越来越高的倾向。张轲也获得了珠宝定制的红利。

张轲在时尚芭莎做设计

转战轲世珠宝

成功转型之后，张轲创立了自己的品牌—轲世珠宝，英文名 Keystone Gems。主要从事珠宝设计和珠宝定制业务，以及钻石和彩色宝石的裸石贸易。轲世珠宝的品牌理念是：悦己，无须理由。2016年张轲建立了自己的珠宝加工坊，服务于轲世珠宝自主品牌。由于技术精湛，开始承接其他珠宝设计师或珠宝工作室的珠宝设计加工业务。同年，张轲和加拿大VTG华人珠宝品牌合作，负责其产品的设计与加工。这是轲世珠宝进行跨境合作的开端。一直以来，轲世珠宝深耕深圳，并经常联合国内各省会高端婚纱体验店举办珠宝评鉴活动，让用户了解轲世珠宝，进而选购佩戴。在国际市场，轲世珠宝经常参加国际性珠宝展会，发展国外客户。由于珠宝品质高，老客户的口碑相荐，轲世珠宝的客户遍及美国、加拿大、澳大利亚和韩国等国家。目前公司的经营以一年一店的速度稳步发展。

发展过程中，不同阶段有不同阶段的问题。特别是从时尚饰品到珠宝的转型，公司进入发展瓶颈期。由于非珠宝专业出身，她面临各种现实问题，需要张轲从头学起。持续学习、思索及反省，使张轲克服解决了这些难题，在探索中大步前进。

张轲在泰国选购宝石

张轲在公司担任珠宝设计师和业务员的角色。工作范围比较广，从裸石采购到珠宝设计再到销售，甚至加工环节，很多事情都需要亲力亲为。她将专注和勤勉努力投入事业当中。从最初的温米尔（Winmir window+mirror 的前三个首字母）到现在的 Keystone （拱心石的意思）Gems，张轲一直关注女性精神世界的独立完整性。温米尔倡导的是活得潇洒爱得彻底，除了爱人还需爱己；轲世珠宝宣扬的是女人应该做自己人生的拱心石。作为创业成功者，张轲结合自己的兴趣发展创新，这也是她能够成功的秘诀。把自己的兴趣爱好发挥极致，趋向于专业化，这是她成功的另一个原因。永远不要功利地为了一件事而去做一件事情。张轲不甘平庸，把自己的心交给事业。她不功利地想着赚钱，只是把自己的积累真正地运用了起来。

"给我一个支点，我可以翘起地球。"每一个创业者何尝不是那个一直寻找支点的人。只有不断积累，即便看似无用的，在将来的某一刻都可能成为我们所需要的那个支点。正如乔布斯所说的"Connecting the dots"。张轲就是那个寻找正确支点的人，她的成功并不仅是财富上的积累，更是独属于自己的创业精神升华。

【导师点评】

1. 发现自己，坚持梦想

工作旅行经历，让张轲开阔了眼界，同时也让她对自己有了更加清晰认识。张轲了解自己，更喜欢一份具有挑战性的工作。所以在成功面试多家企业之后，张轲还是决定豁出去一把自己创业。张轲觉得为了梦想去试试，即使失败了也不后悔。她顶着家人和朋友的质疑毅然选择了创业之路。每个人应学会正确评估自己，了解自己适合做什么，怎么去做，是否在自己的承受范围之内。这样的人生才会更加顺畅。

2. 动态调整，事业才能发展更好

创业是一个连续的过程，最初目标确定之后，项目执行过程中需要根据不同情况进行不断调整。张轲开始的创业项目为女士饰品，为此创立了轲饰上品有限公司，主要经营时尚饰品。张轲最初只是贴牌经营，在销售过程中她对饰品自主设计产生了兴趣，于是开始自主设计。

当张轲对整个经营和销售流程熟悉之后，她发现国内钻石和珠宝市场很大。于是张轲开始把创业项目从一般饰品转向高端珠宝。在珠宝定制工作室发展势头良好情况下，她又发掘工作室珠宝制造工艺优势，再次调整公司经营范围，开始为知名珠宝企业代加工。随着公司业务的不断调整，张轲在高端珠宝定制市场上抢到了更多市场份额。

3. 为产品精准定位，抢占市场先机

中国经济经过多年高速发展，许多领域已经很成熟。珠宝行业许多企业已具有规模优势，掌握着多半客户资源。在买方市场中，若想提高创业成功性，创业者必须对产品市场精准定位。张轲发现知名珠宝企业的产品多是批量生产，缺乏独特性。随着人们生活水平和对珠宝鉴赏能力的提高，越来越多的消费者购买珠宝时开始有去品牌倾向。消费者希望购买高质量和专属自己的个性珠宝产品。

张轲的珠宝定制工作室正好填补了这个市场空缺，因而她享受到了国内珠宝定制市场的红利。

4. 宣传模式的选择

张轲不走常规路线，在宣传模式的选择上采取了以下两种：国内主要通过与高端婚纱体验店联合举办珠宝鉴赏活动，通过活动让顾客了解品牌进而选购佩戴轲世珠宝。在国际市场开拓方面，轲世珠宝公司经常参加珠宝展会，接受各种订单。产品售出之后，通过客户口碑相荐，最终将产品推向世界。

不让须眉
——出走非洲的女版光头强

人物志

姓名：皇甫秋华

入学年级：2005 级

入读院系：法语系（现更名为法语意大利语系）

就读专业：法语专业

创业项目

杭州柏瓒贸易有限公司（Point International Trade Limited），从事非洲刚果金、科特、塞拉、安哥拉、赞比亚等国的木材进出口贸易。

【创业故事】

2016年11月4日，刚果。春风拂面，阳光静好。在一棵枝繁叶茂的树下，皇甫秋华披着丝巾，带着黑边框眼镜，做着搞怪动作，看着远处工人们挥汗如雨地把木材搬上卡车……

皇甫秋华是杭州柏瓒贸易有限公司（Point International Trade Limited）的创始人，除此之外，她在非洲刚果（金）和香港有三家公司。非洲，这块神奇的土地，见证了皇甫秋华从无忧无虑的温室娇花到独当一面的参天大树的华丽转身。

口语和实习，为非洲筑基

皇甫秋华，浙江温州人，四川外语学院法语意大利语系法语专业2009届毕业生。在大学期间，皇甫秋华刻苦认真，专业成绩优异，并说得一口流利的法语。课余，皇甫秋华积极参加各类社会实践活动，曾代理红蚂蚁皮鞋，在Infosys（印孚瑟斯技术有限公司）实习。当其他同学还沉迷于游戏，热衷于追剧时，皇甫秋华已经积累了丰富职场经验。她曾在一个月内，攻克了两本厚厚的导游手册。成功考取了导游证后，她利用假期在重庆形象导游服务有限公司当导游。兼职导游期间，皇甫秋华查阅大量关于重庆大足石刻、洪崖洞、长江、三峡等景点资料。在掌握历史文化的基础上，自行撰写导游词；用流利的法语为外国游人介绍重庆的青山绿水、文化古迹；将远久的历史故事绘声绘色地介绍给外国游客，得到了外国游客的赞扬。她因此在重庆法语导游圈小有名气。自此，皇甫秋华越来越顺，从简单的陪同翻译到严谨深奥会议口译，皇甫秋华无不游刃有余。通过大量的社会实践，皇甫秋华练就了驰骋职场的三大必杀技——扎实的专业技能，超强的沟通交流能力和临场应变能力。

在谢绝实习公司的盛情挽留时，皇甫秋华说：“我大二就定下了目标，一定要去非洲。”那时，她羽翼已丰，离非洲只有咫尺之遥了。

大不了从头再来

世上最浪漫的语言——法语，连接了皇甫秋华和非洲大陆的不解之缘。

也许是受家庭氛围的影响，也许是初生牛犊不怕虎，踏上非洲大陆一年后，皇甫秋华离开了第一个东家——中兴能源有限公司。离开了这个给了她成长空间，给了她温暖的大家庭。“那一日天很蓝，云很白。如果我是美女，那叫梨花带雨；可是我不是，我哭得稀里哗啦，很狼狈。”皇甫秋华说。

张爱玲曾说：“出名要趁早”。皇甫秋华非常赞同，创业也要趁早。“大不了从头再来”的信念，成了她辞职创业的第一动力。年轻就是任性的资本，带着自己微薄的积蓄和少量客户的预付款，皇甫秋华开始了她的“大自然搬运工”生涯。

跨境贸易，成为女版“光头强”

刚果（金），全称刚果民主共和国，非洲第二大国。森林覆盖率53%，占地约1.25亿公顷，其中8000万公顷可供开采。刚果（金）盛产红木、乌木、梨花木等22种珍贵木材。

皇甫秋华从事木材跨境贸易，销往中国张家港、中国台湾和越南。当时，木材生意好，利润高，前景非常好。皇甫秋华的公司选址在刚果（金），那里木材原料丰裕，加上其广阔的人脉，天时地利人和，生意兴隆。

“那时，行情好的时候”皇甫秋华说，“别人抢着要木材。”因为从事木材生意，她常被朋友调侃为“女版光头强”。

非洲血檀

创业之艰辛，更与何人说

“创业可以称之为一场修行。”皇甫秋华说。

最初的半年，她每天四点起床，十一点睡觉，整整三个月没有见过一个中国人。皇甫秋华每天不是在去货场的路上，就是在去林区的路上。她说，这段时间走过的路是前 20 几年走过的总和。“‘11 路公交’走得溜溜的，生生从一个肤白的江浙女子变成了‘难民’，暴瘦 15 斤，黑得老妈认不出自家闺女。”皇甫秋华笑着说。

别人的凌晨四点可能是美梦，皇甫秋华的凌晨四点却可能是惊吓：Mina(皇甫秋华法语名)，船翻了，怎么办？Mina, 供货商跑了怎么办？Mina, 总统封关了，怎么办？Mina……

皇甫秋华说，创业后，你就发觉你会成为回答十万个怎么办的百科全书，每天都有很多不可预见的事等着你。

“你必须有一颗强大的内心，有时还需要有点阿 Q 精神。许多事，看开了便会峰回路转，看淡了便会云开日出。”她淡然，“学会思索，微笑领悟，默默坚持。心若在梦就在，只要自己心念不倒就没有解决不了的事。”

语言是块敲门砖，商道？人道？

语言是一块敲门砖，是信息的第一捕捉器，良好的语言能力可以帮助你快人一步。机会总是留给有准备的人，皇甫秋华的第一个客户就是被她专业木材知识搞定的。

“让人觉得你是专家，可信。人给了你机会，必须得给人以满意的答卷。资金安全，发货迅速，品质保障，才能有持续的合作。”皇甫秋华总结道。

商道与人道差不多，做人为经商之本，如何经商其实就是如何做人。与人为善，一诺千金，己欲达而达人。最初的两个客户都是由于皇甫秋华的无心善举得到的。

“他们可以说是我的贵人。”当初的举手之劳，让他们后来成为皇甫秋华忠实的合作伙伴。“所以，小伙伴们， 请用一颗善心对待别人；也许哪一天，正是他们成为你的引路人。”

她强调，做生意既要有胆识又要有计划。胆识可以让你有独行的勇气，计划可让你从容面对任何不测。100% 的能量干 90% 的活，才能游刃有余；否则意外会让你的努力付诸东流。

非洲工人将木头装箱

自己的人生自己说了算

“世间万物都是平衡的，有得有舍。创业也是一个悲喜交加的过程，Surprise（惊奇）不断。”皇甫秋华说。

“我常常称创业为一条不归路。”皇甫秋华坦言。创业需要承受很多 : 忙碌、压力、心伤; 但同时也有很多收获: 名利、荣誉、任性。可以过你想要的物质生活，可以任性地给自己放个假，可以看到别人看不到的风景，可以摆脱世俗的妥协，自己的人生自己说了算。

如今，皇甫秋华的木材生意做得风生水起，拥有稳定的客户，有了自己的合作团队。除了做木材生意外，皇甫秋华还做矿产生意。此外，和别人合办的美容养生馆即将投入运营。皇甫秋华如今已拥有三家公司，合同工 70 余名，高峰时期雇佣 300 多号民工。

创业——一场在非洲的修行

初到非洲，她的前辈笑道：“小妞，如果你在这里超过 3 年，那你很难离开这片大陆。”

那时她只当一句玩笑，再回首，是真离不开了。时光荏苒，8 年只在刹那；彼时的不适、茫然，于她已烟消云散。如今，大非洲、黄土地、黑笑脸……已成了皇甫秋华生活的一部分。

佛曰：“人生是一场修行”。创业是皇甫秋华人生中的一场修行，它让皇甫秋华从青涩到成熟，从犹豫到坚定，从依赖到独立。

“纵使以后的人生风雨不断，我的内心也能平静面对。”

皇甫秋华和她的木头

【导师点评】

1. 商机稍纵即逝，该出手时就出手

皇甫秋华和很多创业者不同。除了江浙商人优良基因外，虽为弱女子，却果敢、坚毅、执行力强。认准目标，哪怕一路布满荆棘，也要坚持到底。既然选择了远方，便只顾风雨兼程。

2. 善于总结发掘自己

皇甫秋华大学期间做了很多兼职，做过代理，当过导游。各种社会实践让皇甫秋华开阔了眼界，对自己的认知愈加清晰。她不断权衡、重新定位，最终摸索出最适合自己的路。很多大学生迷茫，不知道何去何从。这说明我们青年学子需要多实践、多沟通，练就一双善于发现自己的眼睛，分析自己的长项和短板。如此创业路乃至人生路才会更加顺畅。

3. 乘势而上，抓紧机遇

皇甫秋华具有识别机遇的敏锐目光和抓住机遇的果断坚定，这使杭州柏瓒贸易有限公司创立发展显得格外顺利。实际上，初创企业面对激烈的竞争，困难重重。此时对机遇的识别和把握就显得尤为重要。对于初创企业，抓住时代机遇，顺势而为，就会事半功倍。

内外兼修
——重庆妹子寻美之旅

人物志

姓名：谢佳贝

入学年级：2006 级

入读院系：中文系

就读专业：对外汉语

创业项目

创立 Alice Jungle 就爱新鲜果饮品牌，传递轻食主义生活态度，打造轻食主义社团，线上订购、线下体验；创立 SNB 葡萄酒研究所，打造 24 小时选酒师服务体系，线上线下全新娱乐模式，传递葡萄酒文化。

【创业故事】

重庆美女谢佳贝作为一位果蔬时尚的拥护者，做过模特的她对身材和时尚都有相当高要求。在意大利、瑞士、美国等地接触到健康轻食后，她决定把欧美这一时尚观念和果饮带回重庆；创立自己的果饮品牌，并辐射到整个西部地区。她说："我在创业上是个执拗倔强的人，100 个人里有 1 个接受我就算成功。"

担当"奥运小姐"，成林志玲同事

"长得比你好看，还比你努力。"这句话放在佳贝身上很适合。佳贝拥有高挑修长的身材、天使般较好容貌，是典型的重庆美女。语言学、电影学双硕士，让你不得不对这个漂亮女孩的努力肃然起敬！

作为四川外语学院中文系对外汉语专业 2006 级本科学生，在校期间，曾参加各种模特比赛，获得过中国国际旅游小姐十佳、重庆第一届车模大赛冠军。2008 年张艺谋导演在全国甄选"奥运会中国小姐"，她以出色的表现从来自全国的 400 名佳丽中脱颖而出，成为替新加坡代表团举牌的"奥运会中国小姐"。

2010 年谢佳贝以优异的成绩考上西南大学语言学专业硕士研究生，2011 年作为西南大学的交换生到台湾交流学习，精神、视野和能力上都上了一个新层级。她在台湾取得了电影学硕士，并进行大陆与台湾教材、东亚电影文化的比较研究，把专业拓展到了不同领域。由于在模特大赛上大放光彩，签约林志玲的经纪公司也向她抛出了橄榄枝。她利用空余时间走秀拍照，并参与台湾综艺节目的录制。

模特变董秘，萌生创业梦想

2013 年，取得硕士学位的佳贝进入中豪律师事务所担任董事长秘书。由于欧洲和香港的业务发展需要，经常驻外承担翻译工作，对欧洲的果饮、咖啡、轻食等饮食文化有了进一步了解和认知。

“国外饮食一般少油、少辣、新鲜，尤其在食材上严格要求，这一点国内做得还不够。”佳贝说。各大网站欧美明星手持时尚果饮街拍照，代表着一种时尚新鲜理念。无添加剂、非浓缩鲜榨果饮和轻食，则是一种健康、天然、有活力的生活方式。直觉让她看到，这在重庆也可能有巨大的市场。这种生活方式易被年轻群体所接纳。通过比较重庆与台北两地的市场，她更加坚信未来市场趋势——人们将更加追求健康轻食的生活方式，她决定将此作为自己的发展方向。

“在重庆这么多年，我从来没有喝到过 100% 鲜榨果汁，都是一些售价 8~10 元的粉兑饮料。”佳贝说，“2014 年，我下定决心创业鲜榨果饮。女人，一定要有自己的事业。”

谢佳贝与她的鲜果饮品

一年卖 8 万瓶果汁

决定创业后，佳贝立即行动，前往泰国、瑞士、意大利、美国等对国际前沿果饮品牌进行实地考察，探索在重庆的运作模式。

2015 年 12 月 12 日，Alice Jungle 就爱新鲜果饮正式在重庆九街亮相。经过一年多发展，加上与健身会所的合作店，目前 Alice Junsle 就爱新鲜果饮在重庆已经有 4 家店。“我们九街店一天至少可以卖一百多瓶，4 家店一年多下来卖了 8 万瓶。”佳贝高兴地说。虽然 Alice Junsle 就爱新鲜果饮只成立一年多，但整个发展形势她是非常满意的。

“店面设计我依据爱丽丝梦游仙境这个主题，完全复制了电影里的场景。比如丛林，我希望顾客能从丛林般的绿色，体会到我们传达的‘新鲜’概念。”佳贝说，定价上她主要走差异化路线，比北京、上海、广州同类果饮价格低近 10 元。我们的果饮既新鲜，价格又在重庆消费者能接受的范围，这样增加了品牌的高频次消费，提高了品牌的认知度和接受度。

“当然，最初我们也遇到不少困难，主要来自人们对健康果饮的认知。”佳贝说，“我们的客户 20~30 岁女性居多。我们做过针对男性的调查，结果是几乎完全不接受。为了拓展市场，我每天穿着高跟鞋和果饮师一道去高端小区发试用装，风雨无阻。”佳贝说，有时开会讨论到凌晨仍然兴致勃勃，利用各种假期学习做设计、包装。

“现在创业的人很多——就算失败也没什么。”“但我是个执拗的人，坚持、倔强是我的个性，100 个人里只要有 1 个人接受就算成功。”

独创品牌，发展 3+1 模式

品牌运营上佳贝设计了一套独有的 3+1 发展模式。第一做“中央厨房”，主城区每区一个“中央厨房”实体店；第二做配套，与健身会所共同开发完美健身餐；第三进超市，采用国际最先进的冷压果汁技术，完成超市的配送和线上定购。而“1”则指计划与西南大学农学院科研室合作，依托西南大学“果园＋技术”优势，做更专业的果饮。

“这种发展模式现已初具雏形，我希望能在西部地区占据第一位，进一步打开贵州、昆明、成都和广西市场。”佳贝说，“我也希望把更新的健康生活理念带到西部地区，像红菜头、西芹、羽衣甘蓝等蔬果，也将加入我们的品牌中。”

为了传达全新的健康理念，佳贝亲力亲为抓品牌的宣传推广。她要求推广团队每周开策划会，从设计、文案、摄影、话题上都要能传达“新鲜”的信息，与国际潮流同步。同时，她组建社团，为社员传达“新鲜态度”，让社员学会怎么才能做出新鲜、健康的果饮和轻食，从食材和技术上去体验健康饮食的美妙。

同时，佳贝还是国家二级营养师，她与喜爱果饮的朋友分享道：“冬季，有顾客喝鲜榨果饮要加热。其实达到 60 度营养就被破坏了，我建议用 45 度慢速转动加热方式加热。”她很乐意把新鲜饮食、健康健身理念分享给年轻朋友们。

谢佳贝在果饮店

SNB 葡萄酒研究所的掌柜姐

美女创业者佳贝还通过了 WSET 高级品酒师认证、国际一级葡萄酒侍酒师认证。她创立 SNB 葡萄酒研究所，打造 24 小时专业选酒师服务体系，实现线上售卖、线下文化推广相结合。作为一个分享情绪的空间，以全新娱乐模式进行内容推送，传递葡萄酒文化。“葡萄酒是种情感释放媒介，它适合人们情绪的释放与表达；我们想营造一个平台，擦出人与酒之间的火花。”

在 SNB 葡萄酒研究所的大众学酒版块，跟随女掌柜佳贝的脚步与视角把品评葡萄酒变成生活日常。以选酒大会、葡萄酒日常、葡萄酒私宴等方式和爱好者巡游产区，品尝不同风格的葡萄酒。把酒庄庄主、酿酒师带到大家面前，大家行游风土，共品佳酿。

在葡萄酒日常版块，掌柜会为酒友推送点酒、喝酒实用指南，更新有趣的葡萄酒品酒入门视频；在每期节目中，找一个红酒切入点，搭配相关场景，通过 3~5 分钟轻松、风趣、温暖的脱口秀，将内容生动地表达和演绎；为不愿意花时间去深究或学习，又想了解葡萄酒的人，提供了丰富的葡萄酒知识和品酒技巧。

在选酒大会版块，美女掌柜佳贝和她的品酒师游历重庆城中的精品餐厅和酒馆，对葡萄酒进行中肯评判，为受众推荐值得一试的酒款，帮助酒友以合理价格买好酒。

佳贝还开设《深夜酒会》专栏，向听众讲述有关重庆有关美有关自己的故事，说不定哪一天你会听到故事中的自己，你也会变成故事的主角。

谢佳贝在西班牙 Prtorat 厂区参观

谢佳贝和她的团队走访过美国、澳洲、瑞士、泰国、日本、韩国、中国台湾、中国香港等国家及地区。对外汉语专业毕业的她，具有国际视野和热爱中华文化的赤子情怀，她了解西方文化及其日常生活方式，把一些新鲜的健康的理念，如健康轻食主义、葡萄酒文化这些健康的饮食文化梳理引进，结合国内具体情况加以改进，打包运营。

创业中的谢佳贝异常繁忙，抱起一大摞全英文葡萄酒培训资料，正匆忙赶赴上海参加一个大师班学习。她最近筹划合作成立品牌策划公司，正忙于公司筹备、梳理业务板块、组建全新团队。谈及创业的经验体会，她说："因为创业而结识了很多创业小伙伴，创业确实不是一件容易的事情，除了行业选择、前景规划与执行能力、落地计划之外，还需要极强的专注力和毅力；当然，还包括必不可少的一些情怀与理想主义。路途艰辛，然而总有惊喜！"

创业美少女谢佳贝的努力与故事还在山城继续演绎。

与西班牙皇后酒庄庄主做酒庄推荐

【导师点评】

1. 学习积累，铸就创业资本

海尔集团董事局主席张瑞敏曾说："每个人都想得到社会的认同，得到别人的尊重，都想展现自我价值，那么创业无疑是一条最好的道路。"基于此，谢佳贝同学走上了创业之路。专业知识的积累、校园文体活动的积极参与以及涉外秘书的见识为她积累了所需的宝贵创业资本。充分吸收外来文化精华的同时，抓住国内公众生活观念的转变趋势，创造了契合消费者需求的商业项目。她以文化为依托开拓现代市场。她主动、持续的学习积累，是对创业精神潜移默化的铸就。

能力不是先天具备的，是靠后天培养的。没有主动、持续的学习，很难获得有效、实用的知识和技能。树立正确的学习观，养成主动学习持续学习的习惯，有助于大学生获取专业知识和技能，培育创业精神。创业者如能掌握过硬的专业知识，创业过程中将受益无穷；文体活动能锻炼大学生的综合能力，这是创业者积累经验必不可少的实践过程。

2. 确定目标，细化客户群体

谢佳贝通过市场调研与分析，将目标顾客群锁定在20~30岁追求健康轻食这一年轻群体，并且对顾客群的需求和偏好做了深入的调查分析。定价上她走差异化路线，比北京、上海、广州同类果饮低了近10元，增加了顾客的高频次消费，提升品牌的认知度和接受度。

很多时候，经营的难点并非技术与产品，而是顾客。前期调研工作必须充分全面。只有了解顾客需求，才能提供更有针对性的服务，为产品寻找到呈现价值的顾客群体。

3. 追求用户体验，创新商业模式

不管是Alice Jungle就爱新鲜果饮店还是SNB葡萄酒研究所，谢佳贝都致力于为年轻人打造一个依托互联网平台的健康、轻松的文化生态圈。线下体验、线上推广售卖，传递新鲜健康、轻松温暖的生活方式。这种网店与实体经营店综合一体化模式，更能体现其追求客户至上的商业意识，向客户提供极致服务，取得了了不得的宣传效果。创设身临其境的体验，满足顾客的深层愿望，创新产品，帮助人们找到合适的方式把生活过得更加美好。企业需要创新商业模式，形成可持续竞争优势。“今天企业之间的竞争已经不是产品和服务之间的竞争，而是商业模式之间的竞争”。

青春怒放
——从少年到“三个奶爸”

人物志

姓名：王存诚

入学年级：2007 级

入读院系：英语系（现已更名为英语学院）

就读专业：英语（国际关系）

创业项目

王存诚曾为瑞典电竞外设品牌 QPAD 中国西南地区总代理。2016 年，创立重庆森宇诚商贸有限公司，自创母婴品牌“三个奶爸”，主营进口母婴用品。

【创业故事】

甜蜜时光，大学人生

2007年，18岁的王存诚来到重庆歌乐山麓，从这里启程。从小家教严格的他，在大学专业的选择上并无太多发言权，就这样来到了四川外语学院，开始了英语专业的学习。从小思维活跃、想法很多的王存诚仿佛找到了一片丰沃的土壤。在这里，他恣意成长。大学期间，王存诚脚踏实地地学习专业知识，通过了英语专业八级。王存诚热爱篮球，和篮球队友一起在学校篮球联赛上获奖无数。王存诚大学一年级加入学生会，大学二年级成了体育部部长，大学三年级的他本有机会当选校学生会主席，但为出国留学做准备而放弃。出身于商人世家的王存诚，骨子里有着对经商的渴望和热爱。为了能走得更稳更远，他选择出国留学深造。大学三年级一年，他努力攻克语言关，终于取得了较为满意的托福和GRE成绩。假期，王存诚争取到英国驻重庆总领事馆投资贸易部门的实习机会。这不仅为他申请海外高校增添了砝码，更重要的是引领他踏入外贸业。

漂泊海外，归心似箭

最终，皇天不负苦心人，王存诚收到了全美排名前50名的佛罗里达大学（University of Florida）的录取通知书。谈到创业，他说，“现在回想起来，那时只有模糊的概念。只是不想受限于家庭，不想在父辈的庇荫下发展。所以上大学时时不时会和几个朋友坐在一起头脑风暴，畅想或是幻想靠自己能做些什么。”

来到美国，王存诚深知自己不是来享受的。他拼命学习，在“宽进严出”的美国高等教育体系下，仅仅花费一年半的时间就学完了两年学制的教学内容，提前取得佛罗里达大学管理学硕士学位。这是王存诚十分骄傲的一件事。从这里，我们也能看到王存诚身上的创业潜质。敢想敢拼，不怕苦不怕累。他说：“那时候一个人在异国他乡，中国农历春节都是自己在美国过，很想念父母，很想念女朋友。但只能把想念化为动力，告诉自己，早点完成学业便能早点回国，一咬牙就坚持下来了。”

商海茫茫，尔立者往

在美国学成归来的王存诚，内心的创业激情开始躁动了。一回国就与瑞典电竞外设品牌QPAD谈判，顺利拿到其在中国西南地区的总代理权，并负责其品牌天猫旗舰店的运营。为什么会选择这样一个产品？王存诚毫不避讳地说：“因为我喜欢打游戏啊，从小就喜欢。大学和同学在寝室组队打，当时就很渴望拥有这样专业的电竞鼠标、键盘；但因为价格贵，购买的渠道太少，难以如愿。所以，自己创业时，自然就从自己的兴趣点出发了。”公司成立后，各方面均呈上升态势。只是后来觉得格局太小，合作伙伴的选择也不够严谨，所以选择离开了。这是王存诚第一次创业，正是这段经历，王存诚看到了大学生创业的不易。虽然这些年读了不少书，也有了些经验，但始终是纸上得来终觉浅。醒悟后的王存诚决心沉下心来，找一份工作，在实践中学习。

外资谈判中

很快，王存诚找到了工作，宜家家居重庆商场，岗位是销售，主要负责产品库位管理、促销管理、橱柜设计等。入职不到半年，王存诚晋升为宜家家居重庆商场新厨房餐厅家居产品系统升级换代的项目销售团队主管。从展间的设计规划到实际安装，前后用了8个月时间。这一次独立带项目，而且是大项目的实操经历，王存诚受益匪浅。在宜家这样一家世界500强企业里，王存诚学到了先进管理模式以及零售行业的商业模式。而后，结合理论知识，他因地制宜，设计规划适合重庆本土企业、适合外贸行业特点的管理经营模式。“至少在目前看来还是有效、可行的。”王存诚说。

三个奶爸，暖心创业

两年以后，王存诚离开了宜家。他并没有选择立即创业，而是回到了家族企业，主营进出口贸易。机缘巧合之下，机会来了。和上次兴趣驱使的创业思路不同，这次王存诚的创业设想是从实际需求出发的。因为王存诚的孩子即将出生，出于一位父亲的本能，王存诚对国产母婴产品的质量担忧，萌生自己进口母婴产品的想法。正在这个时候，通过朋友他认识了后来的创业合伙人，对方原本想通过王存诚所在的进出口公司大批量进口婴儿尿不湿等母婴产品。两个奶爸一拍即合，在充分了解了对方的经营思路以后，两人着手准备注册公司。2016 年 6 月，重庆森宇诚商贸有限公司正式成立，运营自创母婴品牌“三个奶爸”。

王存诚主持会议中

王存诚说：“对于创立‘三个奶爸’，我的想法很单纯，并没有想通过这次创业给自己带来多大收益。我只是想让自己的孩子用上放心的母婴产品，同时将这样的福利带给更多的宝宝，向社会宣扬父亲应承担更多责任。”他做到了，公司运营一个品牌微信公众号“三个奶爸”，可以说是奶爸们花式晒娃的平台，晒他们娴熟的带娃技术。王存诚平日里工作繁忙，但他尽量不占用休息日，因为那是他陪伴孩子、照顾孩子的时间。正是因为奶爸们的真诚和用心，因为产品的品质和服务，“三个奶爸”进口母婴产品在几乎未做任何推广的情况下，销量持续上升，销售额年增长率达到 5%。谈到 2018 年的计划，王存诚说，“三个奶爸”的经营已上正轨，将更多地依赖公司团队力量。自己则要好好想想有没有能做的新东西，当然肯定还是在外贸领域。进入外贸行业以来，王存诚可以说是重庆作为内陆开放高地的见证者，渝新欧的通车、保税港区的优惠政策等，王存诚都是受益者。他说，既然有这么好的条件，当然想着好好干一番事业了。

荣归母校，初心不忘

2017年，王存诚受邀回母校为学生创业项目进行评审和指导。看到国家的支持政策，看到学校精心打造的创业园区，王存诚羡慕不已。他说：“我当年怎么就没有这么好的条件啊，要不然我可能早就创业了，也比现在做得更好了。”对于学弟学妹们的创新思维和果敢的行动力，王存诚也是佩服不已。他说：“你们现在赶上了好时代啊，要敢想敢做。不过，大学生的第一要务仍是学习，现在看似没用的专业知识，会是你将来的竞争优势。拿我就读的英语专业来说，这恐怕是一个最没有专业性可言的专业了。然而对于我现在从事的外贸来说作用匪浅，谈判过程中都是我自己上阵，根本不用翻译。不仅大大提高了工作效率，也提高了信息传递的准确度。而我研究生阶段所学的管理知识，更为我提供了科学、高效的管理方法，我相信这也是我们公司发展迅速的原因之一。但一个残酷的事实是，大学生创业成功率非常低，我们得有承受失败的勇气，否则趁早打消创业的想法。失败并不可怕，其实我第一次创业也不算成功，但我没觉得天要塌下来，而是总结教训后再次出发。”现在的王存诚跟大学时的那个他差别很大。那时候他是一个热情，甚至可以说有些轻狂的少年，而现在更多了一份成功企业家的特质，低调、谦逊、真诚、智慧、一诺千金。谁说少时的幻想如泡沫般易碎？只要不忘初心，砥砺前行，路就在脚下。

王存诚在外事活动中

【导师点评】

1. 创业的核心是做有意义的事

创业的动机是什么？应该是构想和创建一个新东西所获得的乐趣，并且在过程中感受自己的作为。生活中从来不缺乏机会，缺乏的是识别并抓住机会的能力。王存诚的第一次创业是从兴趣出发，作为瑞典电竞品牌在西南地区总代理，销售电竞产品，把专业的竞技装备产品带给需要的人。第二次创业则是从实际需要出发，让自己的孩子能用上放心的母婴产品，并将这样的福利带给更多的宝宝。

对于王存诚来说，创业的动机就是满足更多人的需求，给他们提供更优质更放心的产品。

2. 结合产品标准化市场营销

要确保产品能使受众一目了然。TED 演讲集 CEO 克里斯·安德森曾说过：“如果你不能用 3~8 个字来定义你的品牌，你将注定失败。”王存诚的创新品牌“三个奶爸”，简单直接，也顺应了时代对父亲承担更多家庭责任的要求。他们在推广产品的同时，运营品牌微信公众号“三个奶爸 babycare”。公众号除了奶爸们各种花式晒娃，更推送和普及各种教育技巧，给“三个奶爸”品牌积累了相当高的人气。

3. 选择契合的创业伙伴

创业团队对于创业成功与否有着关键性作用。团队成员之间的分工配合、理解和信服，是一个企业能够发展壮大的基础。王存诚的第一次创业未能成功的原因之一就是创业伙伴之间的不合。吃一堑长一智，在组建“三个奶爸”团队时，王存诚格外注重这一点。创业伙伴都是奶爸，都有做质量放心的母婴产品的想法。他们花费大量时间了解彼此之间的经营思路及资源和背景，进而拧成一股绳，使产品在初期未做任何推广的情况下，销售量年增速达 50%，正可谓“兄弟同心，其利断金。”

4. 善于学习

善于学习，终生学习。出生于商人家庭，骨子里存有商业基因，王存诚知道自己需要学习什么。他去英国驻重庆总领事馆投资贸易部门实习，只为增进对外贸行业的认识；他一遍遍地考托福和

GRE，只为能到心仪的佛罗里达大学就读管理学专业；他去宜家家居重庆商场做销售，只为在实践中验证和学习先进的企业管理经验及商业模式。王存诚的学习目标一直很明确，他一直用行动在验证。

5. 有效整合资源

天地人和，尽在掌握。十九大以来，重庆充分发挥西部大开发重要战略支点、“一带一路”和长江经济带连结点的特殊区域优势，建成内陆国际物流枢纽和口岸高地，成为功能齐备、要素集聚、产业繁荣、互联互通、环境优良的内陆开放高地，在国家区域发展和对外开放格局中发挥独特而重要的作用。在此大环境下，渝新澳的通车、保税港区的优惠政策等，无不为王存诚的外贸事业提供了大好时机。同时，王存诚在外贸方面的知识积累和实践历练，以及“三个奶爸”团队的相互了解，天地人和共具备，乘风破浪正有时。

铸梦荆棘
——险象环生的外贸路

人物志

姓名：李蕾（化名）

入学年级：2011 级

入读院系：应用外语学院

就读专业：德语

创业项目

拥有德语专业背景的李蕾，2017 年创办了重庆世优聚成电子商务有限公司，公司主要开展 B2B、B2C 跨境电子商务，产品主要销往德国、英国、法国、美国、日本等国家和地区。

【创业故事】

创业梦起象牙塔

李蕾从小就有学语言的梦想，凭借实力再加之好运，身为重庆人的她，2011 年顺利考上中国西部地区唯一一所外语专业高等院校——四川外语学院，就读于德语专业。在我国传统教育体系下，从初中甚至小学就开始学习英语，熟练掌握的人却不多。多年的经验告诉我们：一门语言要达到熟练应用的水准并不容易，更何况是零基础的第二外语，而且还是一门非通用语言。李蕾深知专业是未来重要的谋生手段，且非通用语种相较英语具有更强的专业性，所以她努力地学习专业课程。但在学习过程中，她却越来越迷茫了，不知道毕业以后自己能从事什么工作。思维活跃的李蕾萌生了创业的想法。

缘亦既此，错拥潮流

推动“大众创业、万众创新”，“既可以扩大就业、增加居民收入，又有利于促进社会纵向流动和公平正义”。“让人们在创造财富的过程中，更好地实现精神追求和自身价值”。

2015年，作为西部内陆城市的重庆在鼓励人们创新创业方面迈开了大步伐，尤其针对大学生，出台了一系列鼓励扶持政策。同年12月，在政府、教委、工商等部门的支持下，“四川外国语大学跨境服务微型企业园暨四川外国语大学跨境贸易与多语言服务众创空间”正式投入运营。2015年6月毕业的李蕾却没能赶上这班车。

旅途中的李蕾

恍惚一载，旧梦扬帆

有着创业梦想的李蕾，大学期间就做起了各种兼职，如服务员、推销人员、家教等，但这未能帮助她找到创业方向。因此毕业后，李蕾走上了工作岗位。她利用自己的德语专业优势顺利进入外贸行业，先后在几家公司从事外贸工作。有做原材料的、有做半成品加工的、有直接做销售环节的，但主要产品类别都是零配件，销售目的地大都是美国、英国、法国等国家。工作过程中，李蕾发现自己很喜欢外贸行业。她说：虽然做外贸行业很辛苦，因时差导致工作时间无法固定，常常熬夜，但她仍旧乐在其中。渐渐，她开始有意识地将喜好兴趣与创业结合起来。工作一年后，终于在重重迷雾中找到了前进方向——“我要创业，我要做跨境电商”。无奈，由于资金匮乏，她只能暂时搁置创业想法，继续工作。

母校援助，梦想起航

2017 年 10 月事情有了转机，这时一直关注母校创业信息的李蕾看到一则消息：《关于申报创新创业园第三期入园项目的通知》。令她欣喜的是，学校的创业园入园项目的申请不仅面向在校生，还包含毕业五年内的学生，而她正在此列。她毫不犹豫地提交了《入园申请书》及《创业计划书》，并通过现场答辩，顺利成为四川外国语大学创业园内孵化项目之一。对于她，收获不仅于此，现场评委之一阿里巴巴本地化服务中心国际事业部总监李总，对李蕾的项目表示肯定，并愿意为她提供帮助。李蕾说她后来向他请教了不少问题，这些经验于她十分宝贵。虽然最后她没有选择使用阿里巴巴的跨境电商平台，但对于李总的帮助，她铭记于心。对于平台的选择，她的备选项就是阿里巴巴全球速卖通及亚马逊国际站。目前全球范围内最大也是使用最为广泛的两个平台，是非自建平台之外的跨境电商运营最多的两大平台。最后，李蕾选定了亚马逊国际站，主要原因是对于初创企业，从事 B2C 或 B2B 跨境电商贸易，亚马逊的准入门槛及平台费用更低；另外，自入行以来，李蕾工作过的公司均使用亚马逊国际站，因此她对于亚马逊的平台规则及实际操作更为熟悉。

参加创业项目路演

荆棘之路，险象环生

此时的李蕾已经辞职，开始专心创业，入园后第一步便是注册企业。然而，各路“拦路虎”轮番出没。成为入园孵化项目后，李蕾与学校创业园签订了租房合同，解决了工商注册需要办公地点的问题。因为李蕾的跨境电商公司在起步阶段对办公场地无任何要求，在家办公就可以，这便为她节约了办公场地租金费用。因在注册前对公司名字进行预审核时留了电话号码，于是有源源不断的推销电话，最多的便是代办工商注册。代办公司为了推销业务，将工商注册流程描述得非常复杂且高要求。李蕾说一开始并不相信，但听多了，各家又说得差不多；而李蕾能获得的有效信息又太少，差点就信以为真，险些放弃注册公司。后来，她还是选择了一家代办公司，2017 年 12 月，重庆世优聚成电子商务有限公司终于注册成立了。公司的经营范围是互联网销售。从业人员都知道，对于跨境电商，选品至关重要，即挑选销售的商品。除生产型企业外，其他外贸公司都需先选择行业再选择产品。对于已有从业经验的李蕾，这一步并不难。很快，她选定了第一件自己准备放上平台销售的商品——眼镜配件。得益于互联网，她在网上顺利完成了这次选品。对于初创企业，选择这样低成本、返现快、利润较高的产品是较为妥当的。而此时，李蕾一直进行的亚马逊平台账号申请遇到了难题。根据亚马逊的规则，从事跨境销售的企业，除取得注册地的经营、税务等资质，必须取得销售目的地的增值税税号及税务资质。例如，一件产品打算销往英国，则须获得英国的税号，每月需花费约 300 英镑，折算为人民币每年需花费 5 万元左右。这笔费用远远超出李蕾的承受范围。因此，她不得不暂停申请。直至现在，这个难题还未能解决。问到有没有解决办法，李蕾只能苦叹财力不足，她打算找有资金的合伙人。她已经有了意向人选，是她的一位亲戚，在浙江做跨境电商。找她合作一方面对方懂行，一方面是其有一定的资金积累。她说做跨境电商，在浙江等东南沿海地区，比重庆这样的内陆城市领先不少。

但正因如此，在重庆反而有更大的发挥空间，且近几年重庆的利好政策越来越多。西部物流园、寸滩保税港、渝新欧铁路及“一带一路”倡议等，这些都让跨境电商从业者或有志于从事该行业的人士振奋无比。

在亚马逊国际站工作

在被迫停下来的这段时间里，李蕾又进入了一家外贸公司工作。她说一方面自己需要积累资金，更重要的是学习经验。她说能找到现在这家公司很幸运，这家公司所处的行业跟她的创业项目差不多，而公司的规模较她先前就职的公司都要大。这家公司先前的销售目的地主要是美国，这部分业务已成熟，目前正在开拓欧洲市场。而她的工作范围便是这部分，这对于她正在申请亚马逊国际站账号及欧洲国家税号有很重要的借鉴作用。

回首岁月，吾心永恒

回想这一段时间，李蕾说比之前多年的经历还要丰富，当然也更累。对于过程中种种困难和挫折，回想起来她都觉得不算什么了。也许未来挑战更大、更严峻，能怎么办呢，兵来将挡水来土掩。她坦言对于创业还是要有周全的准备。她认为大学期间的语言学习为她奠定了重要基础，除了自己的专业德语，没有荒废的英语也是她现在用得最多的。除此之外，上学时的兼职经历、社会活动，工作中不断学习的精神和能力，都是创业路上强有力的推进器。

初见李蕾时，已经工作了两年她还是一副学生模样，但看似单薄的身体却蕴含着巨大能量。年轻女孩用来买衣服买化妆品的钱都被她积攒下来作为创业资金，选货、物流、谈判等多个环节，她事无巨细，体力活、脑力活都不在话下。问及是否还会继续创业，她笑着说："当然会，会很努力地去做。"

李蕾的故事也许不算一个成功的创业案例，但却是十分真实的。正如韩寒在微博上所说："身边很多朋友也在创业，成功失败都有。类似这种文章（《摩拜创始人套现 15 亿元背后，你的同龄人正在抛弃你》），估计又得鼓动一批人头脑一热想着如何暴富。创业不等于发财，创业大多是挫折与失败，尤其是你没有做好充分准备和科学论证的情况下，创业基本也就是九千九百九十九死一生。如果你只是不想朝九晚五当员工，这个社会也有很多道路可以走，未必都要当老板。若你义无反顾，内心坚定，而且性格就是如此，那你做好吃苦的准备就去干一番。"内心坚定的李蕾及千千万万的"李蕾"们，只因那最初的梦想，在创业路上披荆斩棘。

向为了梦想辛苦拼搏的你们致敬！

【导师点评】

1. 用核心专长来创业

史蒂夫·布兰克（E.Piphany 企业级软件公司创始人，《四步创业法》《创业者手册》作者）说过，一个最佳的创业公司，是从创业者的核心专长出发。他知道有更好的解决方案，并且知道有客户需求。综观李蕾的经历，熟练掌握德英两门外语，常年浸入外贸行业的各个领域，这就是李蕾的核心专长，也是她创立重庆世优聚成电子商务有限公司的倚仗。

2. 创业者品质

从李蕾创业因资金问题搁浅这件事，我们看到了一个创业者的优秀品质。①坚定不移：一旦确定做电商，不管遇到什么困难都坚定不移。②超乎想象的忍耐力：创业过程中会遭遇多少困难、多少痛苦、多少憋屈甚至屈辱只有创业者自己能体会。没有超强的忍耐力是无法坚持的。③善于把握趋势：国家鼓励大学生创业的各种优惠政策、重庆作为内陆开放高地的优势、母校创业园区的帮扶、自己的核心竞争力，把握大势，结合自身，有机融合，创业正当时。

3. 高筑墙，广积粮，从 0 到 1

对于大学生创业者来说，由于资金短缺，创业初期会面临重重困难。很多初创者会在创业初期就偃旗息鼓，踌躇不前，李蕾也不例外。但是，对于李蕾来说，这只是破茧成蝶前的蛰伏。不同公司各个领域的工作经历，为她提供了了解电商这个行业的不同视角；创业计划在母校创业园孵化期间，除了获得母校创业导师的指导外，还获得了阿里巴巴本地化服务中心事业部总监李总的指点和帮助；因资金问题公司发展暂时搁浅时，进入一家业务相似的外贸公司工作学习，以期获得更直观的电商管理和实操经验。高筑墙，广积粮，打好自身的基础，李蕾实现了从 0 到 1 的跨越。

多语言服务篇

学以致用
——投身教育事业

人物志

姓名：王晓

入学年级：2010 级

入读院系：德语系

就读专业：德语

创业项目

成都小马教育咨询有限公司主要从事留学申请业务（涵盖各国本科、研究生等层次学历教育）、交流项目（包括校际合作，冬、夏令营等）以及英语等语言培训。

【创业故事】

学以致用，机会总是留给有准备的人

2015 年 11 月，一次旅行，一次开始。毕业一年多，王晓回到母校，一次偶然机会，开始了自己新的职业生涯，做了一回斜杠青年。回到重庆，和朋友一起相聚，听一位在德语系工作的朋友说，重庆某高校国际交流处向他咨询有没有做德语培训和德国留学申请的。王晓觉得机会来了。王晓朋友问他有没有推荐的人选，王晓直接来了个自荐。

本科期间，王晓曾在北京新东方学校多语种部实习，毕业后留任新东方任德语教师；同时，开始接手北京新东方出国留学申请方面的工作。

不到半年时间，王晓已成为北京新东方德语教学部的骨干教师，德语高级班、VIP 一对一以及全国巡回宣讲都离不开他。之后，他不断积累工作经验，深入了解部门运作流程。无论是招生宣传、试听还是后续的信息反馈，王晓总是乐此不疲，他知道总有一天用得到。

作为北京新东方学校的骨干德语教师，王晓承受着高强度工作。在近两年的时间里，教授了上千名学员。恰恰是这样高强度的工作历练让他在教学方面打下了坚实根基。正是这段时间的积累，让王晓对市场嗅觉更加灵敏。

与时俱进，“互联网 +”教育

因为有相关工作经验，王晓很快就注册好公司，并与重庆某高校国际交流处展开合作。公司的第一个项目按部就班地进行着，并逐步步入正轨。公司的主营业务是德语培训和德国留学申请。考虑到相关经济成本、个人时间和精力，结合第一个项目的成功经验，王晓当机立断以项目方式开展语言培训和留学交流业务；同时采用“互联网 +”新模式，将传统留学申请和语言培训业务转移到互联网。

同年，王晓顺利签下云南某中学暑期夏令营活动项目。从制定方案到联系人员，王晓请教之前的工作伙伴和同事，最终首期夏令营活动圆满完成。王晓根据首期语言培训项目的相关特点，有目的地联系有德语培训需求的学校，相继签下四川某高校语言培训与留学申请的相关业务，公司发展渐入佳境。在业务开展上，公司利用往届学员口口相传的口碑营销方式，业务在互联网上推出第一个月，便吸引了很多人前来咨询。王晓最终将个人业务版块定位于北京、上海等一线城市。

小马教育德国夏令营活动项目——汉堡汽车城

王晓通过对当前教育市场的研究，发现在互联网创业大潮中，线上教育作为一种产业模式逐渐成为潮流。一方面，我们需要顺势而为，寻找合适的机会；另一方面，当前线上教育处于模式多元化时期，如何找到适合自身的发展模式才是重中之重。

提升自己，时刻关注市场风向

为了提升自己，王晓2015年申请德国马尔堡大学Daf专业硕士学位，两年后顺利毕业。同年，继续深造攻读博士学位。在完成硕士学位阶段学习后，他意识到自己在专业水平上仍有待提升，于是毅然选择继续攻读博士学位。在学习过程中，他拓展了眼界，与德国多所高校建立了联系，深入了解德国各高校针对中国留学生的政策变化，掌握了第一手资料。在与德国各高校相关负责人交流沟通过程中，与其加深了了解，建立了深厚友谊，为今后的合作奠定了坚实基础。同时，王晓不满足在德语教育领域的经验积累；读博期间，他申请到天津外国语大学任教，了解高校德语专业教学及相关活动情况。这为他结合自身业务需要，确立特色德语教育方式，特别是编写符合德语学习者的优秀教材提供了便利条件。

在德国马尔堡大学读博的王晓

在新东方及高校的教学经历让王晓能够近距离了解语言教学的发展趋势。在德国学习期间，他重点研究教学理论和语言学理论。博士论文把心理语言学和德语教学相结合，并把相关教学理念应用于教学实践。他不仅重视积累课堂教学经验，还很重视学员口碑营销效果，时刻关注市场风向标。

借力打力，引领西南培训市场新风向

继创办小马教育之后，王晓结识了相关领域众多知名人士。在了解小马教育的实际情况后，很多人都对王晓的创业计划产生浓厚兴趣，并表示了合作意向。但王晓并没有被胜利冲昏头脑，他在深入思考发展方向。在了解了小马教育德语培训和留学申请业务版块情况，北京橙育教育集团积极联系小马教育，希望通过合作丰富语言培训产品，形成“小语种+”的多产品业态。经过多次洽谈，双方就合作方式和具体战略达成一致，使小马教育留学申请业务首次在重庆落地。

王晓参加深圳大学德国交流项目洽谈会

在过去的几年中，小马教育以中德校际合作项目为主打产品。无论是校际交换项目还是寒暑期中学生游学项目，都让小马教育获得了良好效益。经历了几年积累与沉淀之后，王晓和小马教育厚积薄发。2018年上半年小马教育把欧亚国家个人留学申请业务落地重庆，下半年计划与北京橙育外语教育集团联手打造重庆多语种学习中心。 对王晓个人来说，他将重回到这个熟悉的城市，扬帆于这个梦开始的地方。

梦想总会牵引着人们前行，而我们应该勇敢地追寻。不害怕失败，不忌惮磨难；想了就做，错了就改。追寻梦想的你，努力吧，只顾风雨兼程。

【导师点评】

1. 学以致用，走专业创业之路

这是一个创业的时代，“大众创业、万众创新”时代为怀揣梦想敢为人先者提供了丰沃的土壤。大学生更应是受鼓励、受扶持的创业先锋，电子商务、节能环保、文化创意、特色效益农业等，国家鼓励大学生学以致用，发挥专业特长。腾讯创始人马化腾毕业于深圳大学计算机专业，百度创始人李彦宏本科毕业于北京大学信息管理专业、硕士毕业于美国纽约州立大学布法罗分校计算机科学专业，网易创始人丁磊毕业于电子科技大学通信工程专业……这些家喻户晓的创业标兵，学有所长、学以致用，创立了一个又一个知名企业。完成德语专业本科阶段学习后，王晓成为北京新东方学校的德语教师；同时，接手北京新东方的出国留学申请业务。大学阶段的学习、工作期间的积累，为王晓打下了创业根基。很快他便注册成立成都小马教育咨询有限公司，主营出国留学申请、交流项目以及英语等语言培训业务。

2. 紧跟时代发展潮流，市场需求才是你的创业方向

创业不是自己想做什么，而是别人需要你做什么。只有抓住市场的需求，创业才有可能成功。20 世纪 90 年代，个人电脑及互联网开始进入中国人的视野。1998 年，腾讯应运而生；1999 年，阿里巴巴、百度相继创立。在电脑及互联网呈现井喷式发展的 21 世纪，三家公司迅速成长壮大，成了中国互联网业三巨头。如今，中国的

互联网用户数量已接近天花板，互联网红利空间有限，于是大家纷纷转向新零售；这边阿里巴巴入股盒马生鲜、苏宁易购、大润发等，那头腾讯入股永辉超市、沃尔玛、家乐福等，角力市场。开始创业时，王晓充分利用当前炙手可热的“互联网 +”模式，将传统留学申请和语言培训转移到互联网。基于对当前教育市场的调查研究，王晓认为线上教育注定会成为一个重要的产业模式被大力推进和发展。我们需要一定程度上顺势而为，找寻发展机会。但当前的线上教育正处于模式多元化时期，如何选择一个适合自身的发展模式显然更重要。

3. 吃苦耐劳，不可或缺的创业品质

不同的创业者有着不同的性格特点，但创业者有一个共同特点，那便是吃苦耐劳。创业之路本不易走，缺乏愚公移山般坚韧不拔的精神，创业终将难有作为。曾经的创业者如今的成功者，马云依然坚持着那颗创业的初心。马云说：“今天的阿里、昨天的阿里、未来的阿里，我们都是要走这条路。每个人都必须这么辛苦，因为我们的未来是辛苦出来的。”王晓大学毕业便成功入职新东方担任德语教师；看似光鲜的背后，只有他自己知道其中的辛苦。每天跑不同的校区那是常事，两年时间共教授了上千名学员。到现在仍行走在创业路上的王晓认为这些辛苦是宝贵的财富。不要忌惮磨难，唯有坚持，不忘初心，砥砺前行。

想做就做
——一个创业先锋的折腾之路

人物志

姓名：胡庆

入学年级：2015 级

入读院系：英语学院

就读专业：英语

创业项目

他策划、注资创业无锡市未达时代科技有限公司；主持英语学院“英华萃”戏剧社，致力于中英双语戏剧魅力呈现。

【创业故事】

初试牛刀，首战告捷

很多人性格里都有不安分因子，但少有人能把不安分化为好想法，并能把好想法化为行动，做出一番事业。

2015年6月高考结束，胡庆在家无所事事，于是和几个同学做起了教育培训。2015年夏天的江苏无锡，培训机构遍地生花，胡庆是如何让他们的“智才教育”占有一席之地的？七个人撞在一起，做调查的做调查，找教材的找教材，找场地的找场地，并着重分析研究了各大城市主要培训机构的教学模式。培训班锁定小学生初中生，专补语数外理化；智才教育主推“主讲+助教”的授课模式。小班式教学，加上较低的收费，智才教育培训班居然大受欢迎，团队从最初的7人扩大到18人。短短一个半月，净收入三万余元。虽然最初只是想找点事做，但培训班成功还是让胡庆尝到了甜头——当梦想变成现实，那种满足感真是无法形容。

同年八月，在办培训班的同时，胡庆和几个伙伴主动承担了政府部门的一项任务：旧社区改建满意度访问。项目要求对小区内每一户走访、录音，并让住户填写问卷。看似简单的任务完成好并不容易。面对陌生人，让社区居民敞开心扉，是一件困难的事情。走访过程中，胡庆被个别社区居民误解，甚至被扭送至派出所。不过正是这次调查走访，胡庆渐渐体会到生活的不易。短短一个月，他走访了上百户人家，上千个居民，他慢慢喜欢上观察生活。

说做就做，异地创业

2015年9月，胡庆已是四川外国语大学英语学院的一名新生。作为一名英语专业的大学生，他深感实践的重要性。期初他去了各种各样的中介，也加入过一两个，但签了合同交了钱后对方就没消息了。上了几次当的胡庆应聘到一家培训机构做助教，上了一天班就辞职了。原因是这个培训机构让胡庆觉得学不得什么东西，提升不了自己。胡庆想起当初的“智才教育”，萌生了将“智才教育”落地重庆的想法。实践创业两不误，多好！

说做就做，胡庆一共邀约30人组建了最初的教育师资团队。这次，胡庆把重心放在小学和初中生的英语培训。他以巩固语言能力为理念，结合儿童心理规律，采用轻松活泛的授课方式，希望能复制智才教育的成功。然而，现实却是残酷的。虽然进行多种推销，全员上阵宣传，结果只签了三个学生。创业伙伴开始打退堂鼓，只有胡庆仍在苦苦支撑。

2015 年 10 月，智才教育初次内部培训

走出困境，来一次“思维爆炸”

2015 年 12 月，一家名为“xx 会”的中小企业联合会找上门来，胡庆觉得这是一个不错的平台。但“xx 会”只是打着帮扶校园团队幌子寻求免费校园代理。双方的合作陷入僵持，直到团队成员疲乏，工作停滞，一蹶不振。通过这件事情，胡庆明白了创业要扎根立本，抵御诱惑。

时间一晃到了寒假。胡庆逐渐从挫折中走了出来。受学校青创大赛宣传的启发，他开始琢磨再折腾折腾。四个朋友凑在一起，有英语专业、秘书专业、金融专业，大家都要学英语，手机里学习英语的 APP 有很多，怎么就没一个帮助学习中文的 APP？大家觉得完全可以利用 AI 系统，帮助客户学习演讲，理解古诗词，中文写作……于是他们分工合作，20多天，在寒冷的地下室里，四个小伙伴硬是整理出了一本商业计划书——“思维爆炸”APP。胡庆凭此商业计划书获得2016年4月四川外国语大学青创大赛的一等奖，小组成员凭此商业计划在南通大学创业项目中获得风险投资40万元。《思维爆炸》刊物现已经编校完成，正在出版过程中。

2016年1月，“思维爆炸”四人小组

胡庆并没有停止折腾。2016年9月，无锡市未达时代科技有限公司在无锡成立，公司以南通大学为本部，发展校园商家联合，推广食堂外卖。以南通市中小企业联合会为跳板，发展校园团队，并与南通市公共演讲组织合作，发展演讲培训。最后以创始团队丰富的创业知识以及南通市中小企业联合会专业创业培训知识为基础，将创业培训发展为主营项目。胡庆是公司的“灵感源泉”，为公司提供新的创意和灵感，助推公司快速发展。

2016 年 11 月无锡未达时代科技公司内部活动

“戏精头子”，英华萃戏剧社社长

不得不提的是，胡庆还是四川外国语大学英语学院英华萃戏剧社的社长，一个“戏精头子”。

2016 年年末，出于好奇，胡庆参加了英华萃戏剧社的面试。他想不到的是，这将对他大学生活产生多大影响。

经过两天近十个小时的等待和面试，胡庆从近百名面试者中脱颖而出，成为第一届英华萃戏剧社的编导组组长和编剧总负责人。这着实出乎他的意料，不过剧社并没有给他留下多少时间，第一届中文戏剧大赛迫在眉睫，而剧社又刚刚组建。经过数十天商讨，编导组最终定下剧本《梁祝·死生契》的编写日程。但是由于时间紧迫，他们只得边排演，边写剧本。挑选好演员后，胡庆凭着“戏精”本能和在网络上学到的一些表演知识，和演员、编导一起讨论、表演。他时而演梁山伯的懦弱，时而演祝英台的悲切。演员跪，他也跪；演员哭，他也哭，膝盖时常是青的，声音常是沙哑的。包括演员编导在内二十几个人，挤在一间教室里，流汗甚至流血，剧本不知不觉从第一版改到第十一版。一连两个月，胡庆和编导、演员每周四次，每次排练数个小时；时常和编剧在路边的灯光下讨论剧本到深夜。但对当时的他来说，一切乐在其中。与此同时，胡庆还兼管外联事务、道具制作，社员的热情是支撑他走下去的动力。他在思考，如何让戏剧社运行得更高效，如何让这样一个社团定性、定质？这与创立一个团队无异。

2017 年 5 月，英华萃戏剧社一举获得“第一届非凡遐想中文戏剧大赛”第一名；同年，他们还以改编自《武林外传》的英文剧 *Knowledge Is Power* 一举斩获“四川外国语大学外语晚会”二等奖，该剧主要演员获得当天最佳男女主角。此外，英语学院博蒙艺术节、英语学院元旦晚会都有他们的身影。值得一提的是，由英华萃戏剧社独立举办的“英华萃呐喊戏剧夜”在 2017 年 11 月 29 日成功举办。大礼堂座无虚席，无一名观众中途退场，当晚剧目英文版《雷雨》《青蛇》在校内轰动一时。英华萃戏剧社现已经发展成为一个组织结构完整，戏剧表演专业，有极佳口碑的社团。但胡庆认为戏剧社不能止步于此。他撰写了一份英华萃戏剧社二十年发展计划，对戏剧社做了系统规划，想在自己任期内，为戏剧社带来更大发展。

英华萃戏剧社不仅是一个校内戏剧社团，更是英语学院第二课堂和重庆市市级教改项目。它不仅将同学们一次次精彩绝伦的演出带上舞台，还将中西文化巧妙融合，发扬光大。现在，英华萃戏剧社已成为一个让全校师生挥洒才华的优秀社团，并逐步承担起发扬中西优秀戏剧的社会责任。走出校门，英华萃戏剧院将双语戏剧魅力带给重庆的中小学生。胡庆说，这是一次艰苦，但却幸福的创业。

2017 年 6 月 12 日四川外国语大学外语晚会 二等奖 Knowledge is Power

2017 年 11 月“呐喊”戏剧夜，《青蛇》剧照

【胡庆的创业建议】

1．对创业灵感的抓握

之所以称之为灵感，是因为其一闪即逝。说抓握，是因为灵感就像流星，要去抓取，要去把握。

2．结交志同道合、同甘共苦的朋友

朋友是你羽翼上的羽毛，想要在风雨中飞行，一定要有同心协力的朋友。将你的计划、梦想与朋友分担，一起为成功奋斗。

3．将想法贯彻落实的执行力

相较于想法，执行力更加重要；倘若没有付诸行动的执行力，想法再多都是空谈。

4．对所涉及行业的敏锐感知和主观调查

对于要涉足的行业，必须要有敏感的探知能力，同时具备足够的行业知识。这些是发展的基石，也是动力。

5．敢于涉险的勇气和谨慎的心态

有勇有谋才能百战不殆。

6．坚定不移的决心和屡败不馁的韧性

迷茫和失败，前进路途上无法避免；守住本心，坚持到底，必然会有不一样的结果。

7．踏云的心和踩土的脚

既要高远志向，又要脚踏实地，一步一个脚印。

【导师点评】

1.“不安分因子”是创业的驱动力

拥有“不安分因子”的人不少，但多数人只停留在一闪而过的念头，有些人的“不安分”甚至产生负面作用。而像胡庆一样的“不安分者”，则将脑洞开到底、生命折腾到底——走上撞了南墙也不回头的创业道路。胡庆把体内的“不安分因子”转化为一次次创业实践。无锡创立一个半月净收入3万元的“智才教育”，后落地重庆却遭遇重重困难，开发“思维爆炸”APP，直到“戏精”附体成为四川外国语大学英语学院第一届英华萃戏剧社的主创人员。20岁的胡庆，体内的“不安分因子”仍在躁动，这是他创业路上最重要的驱动力。

2. 兴趣与特长是创业择项的最佳搭档

选择做什么时，可以有各种天马行空的想法；而真正要落到实处时，则需要有精准、超前的见解。高考结束后，胡庆和他的小伙伴们最擅长的便是学习和考试，因此“智才教育”应运而生，且收效明显。进入大学，作为英语专业学生的胡庆，首先想到的便是将“智才教育”引进重庆，且专注于小学和初中生的英语培训。借学校大赛的契机，英语专业的胡庆与秘书专业、金融专业的小伙伴们组队开发用于中文学习的“思维爆炸”APP。与此同时，“戏精”胡庆带领的四川外国语大学英语学院第一届英华萃戏剧社在比赛中获奖并举办专场演出。一直行走在创业路上的胡庆很清楚现在最主要的身份仍是学生，学好专业才能发挥所长。所以，大学生创业者完全可以利用专业特长形成强有力的竞争优势。

3.“折腾”是创业源源不断的动力

成功从不会平白无故，创业者付出的比常人更多，创业者喜欢称之为“折腾”。在“大众创业、万众创新”的时代，谭群钊、杨守彬、岳弢、吴智勇四个人于2013年创立了丰厚资本，被投资和创业圈戏称为“丰厚资本F4”。吴智勇说：“我们每天的状态都像打了鸡血。我经常说，人生在于折腾，不折腾是没有希望的。我老家是贵州农村的，祖宗八代都是农民，从山沟里爬出来不容易。没有背景、没有钱财，到北京上大学、工作，所有的一切都是靠自己。我怀着拼搏和不甘于平庸的心，在不断地反复折腾。相信每一位心中有梦想的人，都有而且应该有一颗折腾的心。”拥有一颗折腾的心的胡庆，可以挨家挨户遭受白眼去做调查，可以和小伙伴们20多天挤在寒冷的地下室制作商业计划书，可以花费所有课余时间创作剧本及排练，这些“折腾”不负所望，为他换回了利润、融资、奖项。年轻，就该折腾；创业，更需折腾。

快马扬鞭
——做网生短视频 IP 的摸索者

人物志

姓名：张晓曦

入学时间：2004 年

入读院系：日语系

就读专业：日语专业

创业项目

重庆畅优科技有限公司（IMA 想象创客）主要制作网络影视作品和原创短视频节目，着力于垂直类娱乐行业——舞蹈竞赛。

【创业故事】

截至目前，IMA想象创客在新榜和卡思数据（卡思数据是目前国内唯一全网视频数据开放平台，依托领先的数据挖掘与分析能力，为视频节目创作者在创作和运营方面提供数据支持）等权威第三方机构数据榜单排名位列前茅，并与多家网络媒体平台以及相关公司达成长期战略合作关系。其《爆蕉头条》《口袋舞蹈》等原创短视频节目，《迷失空间》《闪婚之七天嫁给你》等网络影视作品，获得超过60亿次点击播放、150万以上订阅粉丝。

洞悉行业风云，立于风口浪尖

当前，短视频APP，抖音、快手等很受欢迎，可以说短视频节目井喷式发展。就在几年前，一位互联网从业者早已洞察到市场风向，迅速出击，他就是重庆畅优科技有限公司总经理张晓曦。近十年互联网行业的从业经历，让他对行业发展趋势十分敏感——各种数据显示，短视频即将成为未来发展的风口。“是继续坚守在传统行业，还是做一个迎风破浪的创业者？”无疑在新兴行业发展需要经历磨砺，但他并没有纠结太长时间。毅然选择放手一搏，拥抱未来的发展方向，勇往直前，做一个披荆斩棘的梦想追逐者。

2016年1月，他成立了IMA想象创客，核心团队最初不到5个人。

起步阶段，张晓曦极度忙碌，整天面临团队的组建、内容研发、运营准备等工作。尽管过程让他与团队备受煎熬，但他对未来充满信心，相信自己一定能够迎战即将到来的新趋势。

当时市场上流行的大多是“僵尸片”类题材。为避免落入俗套，有所创新，团队在项目筹备阶段就有了清晰打算和认识。坚持大胆尝试，敢于创新，力争推出一部让市场为之一震的作品，占得市场先机。于是，张晓曦团队选择了相对小众的科幻题材，推出网络电影处女作《迷失空间》，并采用一镜到底的拍摄手法，因而吸引了更多关注。

IMA 想象创客作品在全球华语星云奖获得最佳网络电影奖

明确方向，走出一条自己的路

渐渐，市场硝烟四起，如何走出一条符合自身特点的发展之路一直困扰着张晓曦。从 2017 年开始，经过对市场的不断探索，整个团队对公司的发展重心更加明确，专注于垂直类短视频IP（内容制造）市场开拓，长视频方面则以投资合作为主。“让数据说话”是IMA想象创客一直坚持的工作准则，用户画像、行业画像等业务则是收集受众喜好的重要方式。一方面是基于对市场的发展趋势的考量，另一方面也是对核心团队力量满怀信心的体现。既做自己喜欢又做自己擅长的事情，如此方能激发团队更大的兴趣进而在自主创新上有所突破。

有了IP运营经验之后，重庆畅优科技有限公司接连打造了多款原创短视频节目：《口袋舞蹈》《爆蕉头条》《话很多的小姐姐们》《爱曰不曰》等。其中，《口袋舞蹈》上线8个月，获得累计播放1.3亿次的成绩，一举夺得新浪微博颁发的2017最具影响力舞蹈机构奖。2017年，IMA想象创客自有IP累计播放达到68亿次，粉丝订阅数累计达到200万人。

这种“一鸣惊人”的成绩，似乎不可想象，但又在意料之中。张晓曦认为：“行业预判很重要，如果提前进入布局，就能为后续的发力发挥事半功倍的作用。”运营过程中应该多维度反馈，实时动态调整，实现快速迭代。同时，为迎合用户的需求，更深入地了解用户需求。团队成员多半为“90后”，他们身上无时无刻不散放着青春洋溢的气息。目前，《口袋舞蹈》在新榜和卡思数据榜单均位列全国运动舞蹈垂直类节目前茅。

然而选择这条路并不轻松。“公司在做决策的时候是谨慎的，每走一步都会反复推敲。只站在风口上是不够的，创业是九死一生的事情。也许前一刻还拥有全世界，如果决策不慎，后一刻就会被全世界抛弃。”张晓曦如是说。

张晓曦接受重庆卫视采访

坚定信念，为梦想披荆斩棘

张晓曦对行业发展有着自己清晰的认识。IMA 想象创客是一家专注于网生短视频 IP 开发运营的互联网文化公司，相对于传统文化或者影视公司，它拥有互联网和泛娱乐文化双螺旋基因。这意味着，IMA 想象创客的定位和模式是建立在互联网视频生态基础上的。除了传统的模式以外，IMA 想象创客融合了互联网企业商业模式，货币化方式，运营思维及手段，通过创新使其在 IP 内容运营方面产生更多的可能性。在内容方面，张晓曦认为，首要强调网络产品的即时性、碎片化、高效等特性，专注于短视频领域做深耕。其次，定位创新，关注垂直行业，关注用户需求，打差异化，进军蓝海市场。最后，还需要在生产运营方面小步快跑，快速迭代，真正了解拥抱用户。

据国内大数据平台 QuestMobile 发布的《2017 年中国移动互联网年度报告》，短视频行业的爆发，进一步侵占了用户使用时长，短视频用户行业使用时长增幅明显。用户人均使用时长较去年同期有了较快增长，随着更多优秀从业者加入与内容的日益丰富，短视频成为主要娱乐方式之一。

在张晓曦看来，互联网行业处于不断变化之中，短视频 IP 也不例外。“从目前发展形势来看，未来会趋于细分，2018 年将迎来行业洗牌，内容会逐渐精品化，产业将进入协同阶段。”他认为，相对于三次元而言，“90 后”“00 后”人群规模庞大，中国动漫发展尚处于起步阶段，空间很大，二次元会是重要方向。

目前，短视频产品市场空间依旧很大，但竞争将更加激烈。IMA 想象创客除了继续专注垂直类短视频 IP；另外，公司第一次将 MCN 平台提升到核心位置（MCN，Multi-Channel Network，多频道网络产品）与专业生产内容（PGC，Professionally-generated Confent）联合起来，在资本的有力支持下，保障内容的持续输出，从而最终实现商业价值的稳定变现），形成“垂直类短视频 IP+MCN 平台双核心驱动”商业模型。除了《口袋舞蹈》之外，他们还计划在另外两个垂直类行业推出高品质作品。2018 年，张晓曦思路很清晰：“第一，继续专注网生短视频 IP；第二，MCN 方面，深耕垂直类行业——舞蹈，与 300 家机构进行合作，将 MCN 重点区域放在西南。”

作为一个创业者，张晓曦深知创新对于一个企业的重要性。企业创新从根本上讲是企业从资源依赖型向创新驱动型转变，创新者要对方向有准确的定位，对行业的大生态有全面的了解。全盘考虑企业的发展，需要从组织、管理、技术、战略等多层面衡量，绝不是心血来潮或孤立一面的决定。作为企业创新者，除了要在发展战略上具有前瞻性，更要具备企业发展过程中的抗阻性。遇到困难时，创业者要通过自身经验多维度思考、准确地判断，带领企业渡过难关，走上可持续发展之路。

张晓曦在办公室

【导师点评】

1.“全盘意识”，是跨专业创业者成功创业的利剑

张晓曦日语专业出身，有过留学经历，毕业后在国内最早最知名的视频平台公司工作数年。凭借多年积攒的行业内丰厚资源，毅然决定创业。创业要取得理想成绩，先期的市场分析、产业链梳

理、上下游关系的选择很重要，这些都需要经验的积累。像张晓曦一样，先进入某个行业，了解企业的实际运行模式，再通过深入调查分析，找到行业的“风口”，顺势切入。同时，创业者还需要不断补充精进对行业的认识和认知。就像张晓曦一样，通过行业发展报告，借助行业相关咨询公司的数据，分析捕捉敏感的市场信息。在数字化时代，用大数据思维做市场分析和战略定位是比较理想的方式。

2. 创业核心团队，要做好燃烧自己照亮别人的准备

阿里巴巴上市后，马云说过一段话，“任何团队的核心骨干，都必须学会在没有鼓励，没有认可，没有帮助，没有理解，没有宽容，没有退路，只有压力的情况下，一起和团队获得胜利。成功，只有一个定义，就是对结果负责。如果你靠别人的鼓励才能发光，你最多算个灯泡。我们必须成为发动机，去影响他人发光。”综观张晓曦的创业经历，何尝不是这段话最好的诠释。在遇到问题止步不前的时候，张晓曦鼓足干劲加油干，坚定信心认真分析，终于找到了垂直类视频这一发展方向。他“专、精、深”地做事业，全情投入，在不到两年的时间，走到几家风投 A–B 轮融资的赛道上。所以，创业核心团队十分重要，他们是困境中的希望，黑暗中的光明。

IMA 想象创客旗下《口袋舞蹈》获奖

IMA 想象创客荣获上游财经 2017 年度重庆十佳创业团队奖

梦生梦胜
——一个支教生的逐梦之旅

人物志

姓名：李文静

入学年级：2014 级

入读院系：英语学院

就读专业：英语（教育）

创业项目

蚂知了教育信息咨询有限责任公司提供中小学课后看护服务，采用因材施教教学模式，秉承“教学相长”的教学理念，向中小学生提供私人订制辅导服务。

【创业故事】

六月，毕业如期而至。在其他人找工作之际，她的创业之路逐渐走上了正轨。回首往昔，看似风光无限，却是充满艰辛和泪水。

经过深思熟虑，李文静最终把创业项目定格在教育信息咨询服务上，主要提供学生课后看护服务，俗称托管。当然，这样的托管班在重庆并不少。据不完全统计，仅在四川外国语大学附近，这样的托管机构就有 10 家左右。如何顺利分得一杯羹？李文静自有她的自信。除了看到托管服务巨大的市场前景，还在于她握有一张王牌——同社区合作，建设自己的免费公益图书馆，让孩子从小养成阅读的好习惯。

与支教班的孩子一起爬山

梦因热爱而生

想法并非萌生于一朝一夕。2016 年 7 月到 2017 年 8 月 30 日，李文静带着一颗炽热的心，走进了大凉山西昌市荞地乡。这片贫瘠的土地，却成为唤发和滋养李文静创业梦想的沃土。在凉山支教期间，李文静接触了“担当者行动”项目。这是一个乡村小学图书馆项目，即在每个班级创建一个图书角，启发学生课外阅读。项目初衷很好，但具体实践中还有一些现实问题。每个班级的图书角所存图书只有70本左右，而农村学校的班级孩子数量一般比较多，这些书本完全不能满足学生阅读需求。每一本书都经过来来回回翻阅，既旧又破。有一次课后念及此事，李文静忽然萌生了做一个公益图书馆的想法，尽可能地让每个孩子都有足够的书读。从这一刻开始，她的心里生发出创建公益图书馆的梦想。

凉山之行实属不易。为保证教学质量，每个志愿者都经过层层考核和选拔，确定下来的志愿者还要经过多次培训才能前往西昌。就在出发的前两周，偏偏媒体曝出凉山的一些负面新闻。原本答应让李文静去支教的家人说什么也不让她去大凉山。这期间，不知道费了多少口舌，才最终说服了他们。

凉山的生活确实非常艰苦，但是这丝毫掩盖不住李文静的快乐。在凉山的一年，和孩子们朝夕相处带给李文静精神上极大满足；向孩子传授知识的同时也收获了自己的成长。每周末两天的培训，从早上七点五十到晚上十点，一年来雷打不动。培训内容包括项目管理、教练技术、引导技术、时间管理等。最让她受用的是项目管理，其中涉及的可行性评估、风险评估等内容对李文静的创业起到非常重要的作用。除此之外，为给下一期支教做准备，李文静需要面对全国志愿者招募机构的线上宣讲会和线上面试。运用培训中学到的知识，她同凉山的一些学校进行合作，把知识运用于实践，这为李文静创业梦想的实现打下了坚实基础。

对于很多人来说，横亘在创业路上的阻碍是畏惧，创业困难重重。相对于就业，要饱受更多身体和心灵上的煎熬，所以绝大部分人不会选择这条路。而李文静，庆幸自己坚持了下来。回望过去，执念在泪水中冲刷，哪怕成绩显然，仍然想要抱头痛哭。那是一段多么震撼和感动的日子！

孩子们的认可是李文静最大的激励

梦因坚定而胜

创业之初最大拦路虎是资金不足。没有资金，再好的想法也不可能实现。一人计短两人计长，三人力量抱成团。李文静找了两个可靠的朋友，一个是面临毕业的大学生，一个是已经工作十多年的合伙人。大家彼此熟习，分工合作，十分契合，在精神上给了李文静极大支持。然而，资金仍是一个问题。为了解决问题，她抓破了脑袋。公益图书馆是她长久以来的一个心愿，也是她的托管班区别于其他机构的亮点。最后，她毅然决然双管齐下。在只有200本图书的情况下，李文静通过发传单，一对一讲解，成功举办了第一节试听课。针对家长的提问，她认真答疑。出乎她的意料，试听课相当成功，她取得了家长们的信任，很多家长干脆把一年的学费交到她的手上。这样一来，图书数量随着报班人数的增加，开始大幅度上涨。有了家长的支持，托管班的规模逐渐扩大。目前在重庆市，已经设立了两个教学点，分布在渝北和沙坪坝。与社区做的免费公益图书馆项目在渝北，当前图书已达1000余本(主要是自行购买，后期准备做配套平台实现互换和捐赠)。

资金的问题解决了，另一个问题随之产生。由于报班人数增多，师资又成为一个难题。由于招聘渠道局限于大学生，主动来咨询面试的很少。而且都是些没有经验、面对突发状况束手无策的大学生，加上李文静对教师的要求比较高，找到合适教师的概率很低。就算面试通过，她也不放心把孩子交给他们，必须对其进行前期培训。这是一个相当艰难的过程，那段时间她食不下咽寝不能寐。她深知创业的艰辛，也预计到各种各样的困难，但身处其中，还是令她难以承受。她对那些应聘者感到特别无助，很多人眼高手低，工作中一些小事都处理不好。但一段时间过去，她开始反省，是自己的苛刻要求导致了焦躁情绪。事实上在学习阶段，每个人都有可能会出现问题，而她要学习的就是如何去解决这些问题。通过这件事，她开始培养包容心。自己也是一路摸爬滚打过来的，应对别人多一些理解，少一些苛责。

如今，蚁知了已逐渐走上正轨，准备开拓新的教学点。可喜的是由于每天半小时的阅读积累，孩子们的阅读兴趣大增，阅读能力得到了明显提高，这是让作为教育者的李文静最欣慰的。

李文静与六年级的孩子毕业纪念照

某种程度上说，创业对于大学毕业生来说也是一种就业。可是李文静的信念并不只停留于此，她并不是为了创业而创业。之所以选择做这样一个项目，是因为她真的热爱教育。无论世界是什么颜色，孩子们的内心永远是纯净透亮的。教育的美好，在于你是一颗糖，你要把别人也化成一颗和你一样甜蜜的糖，你得先融化自己。从 2014 年大学一年级开始，英语学院就有计划的安排教育方向学生到小学进行实习，她从中受益良多。在这期间，她还考了 ACI 国际汉语培训师。大学二年级在黄淋艺术研究院兼职担任英语讲师。这些都为李文静之后的创业打下了现实基础。但影响最大的，当属她在凉山一年的支教活动。

凉山支教是李文静大学期间最重要的一段经历。可以说，如果没有这段经历，就没有她今天的创业实践，没有现在气定神闲的她。所以，她想对那些抱有支教梦的大学生朋友说，支教不是一个青春的过场，你去带给别人成长，更要带给自己成长。苦痛是真实的，但结出来的果实却是异常香甜。她原本什么也没有，却有一个斑斓的梦和一颗炽热的心。

【导师点评】

1. 跳出“同质化”创业的怪圈

支教 VS 创业，看似不相关的两个词，却成就了李文静的创业理想。正因为大凉山支教的经历，让李文静找到了人生的价值和意义；把教育作为毕生的事业，将自己对教育的理解融入理想中，创造一份属于自己的华彩。都说创业机会不容易有，市场潜力更难觅，大学生创业很容易陷入“同质化”怪圈。李文静作为合伙人的蚂知了教育信息咨询有限责任公司，看似杀入了教育产业链条末端的托管服务这一“红海”，但却因为加入了李文静大凉山支教经历的沉淀，并通过市场调研更加精准地找到家长的期许——加强孩子阅读，提高其阅读水平这一市场痛点。使得李文静既实现了自己的教育情怀，又帮助其走上创业特色之路。

2. 将闪亮的青春置于理想之巅，经历便是财富

综观李文静的创业过程，更像是人生选择的必然。一个社会实践几乎为零的在校大学生，在支教前，毫无创业想法；但因为支教，接触到了课堂上无法接触的有用知识——教练技术、引导技术、时

间管理等，为其后来的创业打下了坚实认知基础。接触一个又一个对教育事业同样有情怀的人——前IBM人力资源总监等；学会了面试技巧，而这对创业过程中开展人才招募和选拔事务上了“保险”；接触需要关怀照顾的学生，而这正是燃起李文静将自己的教育观融入托管服务这一“创业初心”的源头活水……诚如斯普迪·滕姆斯所说：“经验是一个严厉的教师，她先对你进行考试，然后再给你讲课。”大凉山支教是艰苦的，是不容易的，是呕心沥血的。但这一份不俗的经历，却在李文静的人生之旅中，给了她最好的“回响”。因此，对于大学生而言，“大众创业，万众创新”，并非为了“创业”而创业。恰恰应该珍惜每一次难得的机遇，珍惜每一次人生的“遇见”，用心付出，悉心感悟。创业之机，就会在不经意间被点燃。

守住初心
——专注汉语言的情怀

人物志

姓名：黄萍

入学年级：2011 级

入读院系：中文系

就读专业：对外汉语专业（现更名为汉语国际教育）

创业项目

重庆又一思路教育咨询有限公司，专门为全世界各地有志于汉语言学习的人提供在线互动研习平台，并提供“汉语－多语言交互”培训、留学及教育咨询等服务。

【创业故事】

青葱校园，初次创业

正在和朋友一起设计文案的黄萍眉头紧锁：如何做到既突出重点，又协调合理？她问："除了这个方案，大家还能想出别的吗？"沉默几秒后，一个团队成员开玩笑道："你听过一个笑话吗？叫'我要五彩斑斓的黑，我要在放大的同时缩小一点'。"她哈哈一笑。可一份好的文案，值得反复推敲。

朋友们都知道，别看平时大大咧咧的她，工作起来那叫一个拼。

2011 年黄萍考入四川外语学院对外汉语专业，通过国家汉办项目，在西非孔子学院任教两年，有着丰富的对外汉语教学经验。结合国内汉语教学的发展现状与趋势，凭着敏锐的市场嗅觉，加上对教育事业的情有独钟，黄萍萌生了做"双向语言留学"教育咨询的想法。曾有过创业经历的她明白，起步越早，越容易占领市场，越容易成为行业旗帜标杆。于是趁热打铁，她迅速写好创业计划书，开始寻找合适的合作伙伴。

2017 年 10 月至 2018 年 3 月时间，她一边筹备项目，一边招募合适的合作伙伴。

事实上，这并不是黄萍第一次创业。

大学二年级时，她选修了学校开设的《创新精神培养及创业教育》课程。授课老师是指导了多个大学生创业项目，有着丰富实战经验和扎实理论知识的张雪松老师。从创业机会识别、行业趋势分析到创业门槛、市场导向，再到团队建设、项目选址、融资风险和寻找天使投资的技巧，一学期下来，她学到不少知识。2013 年夏天，作为课程结题作业，还在读大二的她和校友及团队伙伴合作创办了小学生课业托管及培训机构。后来尽管由于学习、工作原因，她退出了，但该机构至今经营良好。

任教西非孔子学院

有了一次创业经验，2013—2014 年，黄萍开设了校园精品店，以格子铺为主体，经营手机相关物品。靠收取格子铺租金补贴了部分房租，也为店面带来了不少人气。她带领团队参加学校乃至重庆市的创业大赛，她的理念是——“成就了不止一个人的创业梦想”。一些以四川外国语大学为标识的明信片、移动电源、女生饰品等产品通过在格子铺售卖，变得小有名气，不少和她合作的校友后来都做起了专业经营者。在大学三年级下学期，在店面生意蒸蒸日上的情况下她选择转让店铺。用店铺转让收入，她去往美国进行暑假社会实践。这一次短暂的国外经历开拓了她的视野，为她后来的再创业埋下了伏笔。

归国后，她先去了一家知名教育集团做国际交流项目，负责活动策划及接洽。2016 年，她接到了四川外国语大学与多哥洛美大学合办的孔子学院院长，原四川外国语大学中文系副主任胡老师的电话，告知她西非孔子学院师源短缺、条件艰苦，询问她是否有意向前往志愿服务。思索再三，她接受了这个邀请。在做好父母的思想工作后，她去往孔子学院总部，并顺利通过笔试、面试、心理测试等一系列选拔考试及系统培训。

黄萍把自己的经历戏称为“西游记”——古有三藏西行至天竺，为的是取得真经，普度佛法，拯救世人。今日很多青年教师远赴非洲各国 30 多家孔子学院，弘扬中华文化，响应“一带一路”倡议，做中非友好的桥梁和灯塔。亚非人民乐观开朗，很有语言天赋。在黄萍教过的学生中，有人掌握了包括英语、汉语、阿拉伯语、西班牙语、德语五门外语。一年内通过了相当于英语六级难度的 HSK 汉语水平考试四级。这样的人在当地更易找到一份好工作，比起中国翻译，他们更理解本国政治经济风土人情，可以更好地帮助中国企业或个人在非洲有效开展相关业务。

黄萍在多哥孔子学院任教

“走出去，引进来”

在非洲任教确实艰苦，时常停电断网，沙尘疟疾也是不小威胁。但正是得益于这一宝贵的经历，才有了她的二次创业梦想——从语言培训起步，继而成为国内外双向教育的开拓者和领头羊。

如何达到目标？——先“走出去”，再“引进来”。创业最怕的不是没有勇气，而是只有蛮力。何谓“走出去”？“走出去”就是帮助中国学子走出国门看世界，不做井底之蛙。到国外留学、游学，体验不同文化，感受“人类命运共同体”。出国之前，语言是必过一关。和传统机构不同，黄萍决定打造“沉浸式”语言环境，选聘来自世界各地的外教常驻。有了这样的语言环境和国际化氛围，出国独立生存不是难事。外教人工成本是笔不小支出，如何以最低的价格选出优质外教资源？黄萍做出了一个大胆决定：面向所有具有教学资质的外国人开设免费汉语教学课程，从汉字到国学，都可免费学习。作为回馈，外国友人可以有偿合作，担任教师。如此一来，既聚集了人气，又通过课堂教学筛选出优质教师，且传播了中华文化。与此同时，黄萍联系了一批世界各地的孔子学院，全面实施“沉浸式”教学法。采用视频沟通，在线教育方式，让中国学员与国外学员结成伙伴，相互帮助，共同学习语言。一方面实现了教育资源、知识共享互补；另一方面，也可获取部分国外高校资源和来华生源信息，顺利实施“引进来”设想。

为外国友人进行汉语教学的黄萍

归国后，黄萍奔赴各地，先后考察了北京、上海、天津等地的教育市场。结合理论分析和实践经历，依据已经拟好的计划书，开始筹备这个项目。

“成就不止一个人的创业梦想”

在受邀回校与大学一年级新生分享创业经验时，作为学姐，她不断鼓励新生；一次次为学弟学妹们加油打气，并毫无保留地分享自己的创业意会和体验。

若是把创业比作射箭，那么创意和项目就是箭身，资金和运作就是弓弦，盈利复制再创造是靶心；当一切就绪，搭弓射箭的便是创业的核心团队。阿里巴巴十八铜人和华为狼性团队皆是品牌称霸市场的关键。一个狼对手并不可怕，而一个猪队友很有可能毁掉整个创业过程。因此，在团队成员的选择上，黄萍格外重视。既要考虑运作的实际需要，又要考虑成员之间的磨合互补。于是，她从岗位职责划分入手，确立了管理、运营、财务、教学四个基本版块；

结合自身性格优缺点，最终组建了一个四角齐平、功能齐全、优势互补的团队。

刘晓薇，四年前因为一次偶然机缘，她和黄萍在朋友的咖啡厅认识，并结为好友。有着一年偏远山区支教和两年多培训学校高三班主任工作经验的她，毕业于西南政法大学，性格直爽大方。善于管理，精于沟通，有着极强的责任心和执行力，能吃苦，肯奉献。从 2018 年 1 月的第一次面谈，到确定加入团队，合作创业，可谓是一波三折。最终，她决定辞去培训学校高薪工作，并投入部分资金，全身心投入到这份事业中，是团队里的“穆桂英”。

杨朝虎，曾就职于一家知名上市集团，与黄萍是大学校友，是她的“好兄弟”。从小热爱文学的他是团队里的文艺青年和颜值担当，擅长文案编辑和活动策划，精通 Windows 办公软件。有着超强的时间观念和思辨能力，是工作得以高速推进的助推器。结合他的工作经验及特长，他的责任版块主要是项目推广；除了线下的文案和策划，他还负责线上微信公众号的管理运营。所谓细节决定成败，细致的他时常会提出不少建设性意见，进而完善了整个项目的运营框架。他是团队的“外包装设计者”和“产品质检员”。

陈思宇，曾任某国企会计，黄萍发小，共用一个豆瓣电子书账号的书友。同一小学，初中、高中同一个班级，知根知底，彼此清楚对方的性格优缺点。他们互相嫌弃，互相挑剔；又互相包容，互相鼓励。从专科到本科，从 150 斤的“游泳圈”到 100 斤不到的“马甲线”，从旅游管理专业到会计专业，“鬼知道我经历了什么”。陈思宇自嘲道。她有极强的自制力，是一个有志必达的人。当黄萍产生创业想法时，她第一时间就告诉了陈思宇。在陈思宇的支持下，黄萍逐步完善了创业框架搭建，并付诸实施。毫无疑问，她揽下了财务职责版块。不抠门的财务不是好财务，这个“抠门”的财务为团队初期的装修和宣传制定了严格的预算和报销制度，为团队节省了不少开销。

上天似乎特别眷顾黄萍，项目选址装修顺利进行，合作团队也磨合进入平稳。她更加坚信项目“成就不止一个人的创业梦想”，和优秀专业团队成员并肩作战，终将有一个光明灿烂的未来。

过去已是历史，未来还有无限可能。黄萍一直以来的愿望是实现教育资源平等。接下来，她将以运作项目为己任，通过公益图书室及互联网线上教育等途径，努力为目标奋斗。愿黄萍和她的团队能够守住初心，扬帆起航。

【导师点评】

1. 团队有战力，企业有潜力

周鸿祎（中国互联网安全企业 360 集团创始人兼 CEO，知名投资人、创业导师）说过，这世界不缺好的点子和项目。投项目，主要是投团队。只要团队有战斗力，什么项目都能做成功。一流的项目给三流的团队做，最终只会做成三流的项目；但三流的项目交给一流的团队做，可能就会成为一流的项目。一个有战斗力的团队，是一个企业潜力的保证。黄萍深谙神对手和猪队友的道理，在团队组建上异常用心。她从岗位职责划分入手，确立了管理、运营、财务、教学四大板块，并通过剖析性格特点，最终组建了一个初心共有、各具战力、功能齐全、优势互补的团队，为企业的有效运营打下了坚实基础。

2. 做出让人们每天都想用的产品

“又一思路”着重于提供这样一个平台——让语言学习爱好者每天都想用，且会邀请推荐朋友使用。这样一个平台专门为全世界各地的语言学习者提供在线互动研习平台，并提供“汉语——多语言交互”培训、留学及教育咨询服务。黄萍的又一思路与众不同的优势是打造“沉浸式”语言学习环境，面向所有有教学资质的外国人提供免费汉语教学课程；作为回馈，外国友人可以有偿合作，担任外语教师，视频沟通在线教学。这样让中外学员结成语伴，互相帮助共同学习语言。真实的“浸入式”语言学习环境，直接的语言和文化交流，有趣的学习和实践方式，可以想象，使用者每天都愿意登录平台进行学习。

3. 副项目往往会发展成为主要产品

企业的副项目往往可能成为盈利的主要产品。Flickr 是一个很好的例子，Twitter 更是。他们刚开始可能不是团队致力开发的主要产品，但随着用户体验和口碑的提升，突然之间就成了公司的特色。又一思路创立初期，主要提供语言交互学习的免费服务平台，这个平台是完全没有利润可图的，甚至是倒贴成本在运营。但随着平台用户体验的提升，越来越多的中国人想“走出去”，外国人想“走进来”。这时，通过免费互动学习平台获取到的国内外高校资源和来华生源等信息，就成为主营业务“汉语—多语言交互”培训、留学及教育服务的主要来源了。

勇往直前
——松山教育逐日前行

人物志

姓名：刘学

入学年级：1999 级

入读院系：英语三系

就读专业：英语专业

创业项目

重庆松山教育咨询有限公司，主要业务为日语培训教育，提供日本留学、游学以及日本置业服务。

【创业故事】

由于受父亲学习过日语的影响，她在校学习英语的同时，参加了日语系的专业日语培训。当初学习语言完全是出于兴趣爱好，没有想到这对她之后的就业和创业产生了深远的影响。

起步福特，踏实耕耘

刘学的求职之路非常顺利。从四川外语学院毕业之后，正好遇上福特公司面向社会公开招聘。当时正值福特公司开发沃尔沃和马自达两个品牌生产线，公司里的翻译人员大都只擅长一门外语，但在接待和沟通过程中需要用到两种语言。刘学因为精通英语和日语两门外语，在众多应聘者中脱颖而出，成功进入福特公司。由于刘学的肯干踏实，她在福特公司工作期间受到了领导和同事的一致好评。她长期积极努力地工作为她换来了一次竞选部门部长的机会。当时与她一同竞聘部长的，是一位比她年长十几岁经验丰富的同事。竞选期间，那位竞争者自恃亲戚是领导处处与她针锋相对。一次，她需要和库房另一位同样年轻的同事交接工作。缺乏工作经验的她并没有做工作记录，结果第二天零件就找不到了。这件事情惊动了董事长，刘学在会议上受到了严厉批评。正是有了这一次经验教训，从此，刘学做任何事情都格外小心谨慎，事事都做好记录。这个习惯对日后刘学自己管理企业很重要。工作中，刘学在发现流水线进度滞后的原因后，主动站在企业的角度考虑怎么提高生产效率，并把自己的想法报告了领导。刘学从企业角度出发的工作态度受到领导的赞赏，她也因此在那次竞争中成功竞升。虽然晋升为中层干部的刘学收入可观，但是工作和专业的相关度却变小了。她觉得在福特已不能发挥她最大的价值了。于是在福特公司工作了 8 年之后，不忘初心的刘学毅然决然地辞掉了在福特的高薪工作。

追赶梦想，出走福特

从福特辞职之后，刘学并没有创业的想法，她只想找一份能够发挥她外语优势的工作。刘学应聘到了一家名为可可波尔的语言培训机构工作。进入可可波尔培训学校时，该学校主要以英语培训为主，日语培训才刚刚起步。培训学校的老板让刘学负责日语培训业务。但这个部门只有她一个人，从招生到教学全由她一个人负责，每个月工资也只有 2000 元。收入从七八千一下降至两千元，她也承受了巨大的心理压力。可可波尔培训学校将招生点设在重庆

努力中的刘学

新华书店，来进行咨询的人多，但是愿意参加日语培训的人不多，招生特别困难。虽然很苦很累，但刘学不服输的性格让她坚持了下来。有了学员后，刘学动力更大了。由于初次进行培训，刘学也没有教学实践，所有工作都是从头开始，边学边做。从如何写教案到如何设计课堂教学每个环节等。由于她勤恳踏实的工作，刘学的教学渐渐受到学生的认可，生源规模扩展到了 20 人左右。招生过程中，刘学的工作态度受到了与其合作的书城经理格外关注。这个书城经理也是日语专业毕业，当刘学提出想在书城办一个日语角，让当地想交流或学习日语的爱好者都机会参与时，得到了书城经理的支持。于是，刘学成立了当时全重庆市第一个公益日语角。日语角运营了6年，后因书城经理调离和柜台外租等原因停办。在日语角开办期间，刘学利用这个平台结识了许多日本友人和日语爱好者，这些朋友帮她解决了日后创业中出现的很多问题。

赶鸭子上架的创业者

可可波尔培训学校的日语培训部成立半年后，由于培训机构其他部门经营不乐观，不得不停办。校领导给了刘学两个选择，要么放弃日语教学，转做英语部门负责人；要么带着她手上的 20 个学生，自立门户。刘学做了一个大胆决定，带着这 20 几个学生创办了专注于 N1 考试培训的松山日本语培训机构，开始了自己的创业之路。和其他大多数创业者不太一样，刘学的创业更像是赶鸭子上架，还没有周密的计划。但由于刘学全身心的付出，事无巨细的管理，培训机构还是取得了一些成绩。因此，松山日本语培训机构在重庆日语培训界开始有了点名声。松山教育由于推广日本文化受到日本领事馆关注，刘学开始与日本领事馆进行合作。

刘学参加企业家聚会

刘学创立的松山教育开始专注于日本语能力考试的培训，是一所单纯的语言培训机构。该业务鼎盛时期，开班数达到8个之多。但随着培训机构越来越多，竞争越来越激烈，刘学明白学校要发展，不能仅仅满足于单纯语言培训业务了。随着教育机会的多元化，很多家长不再拘泥于国内高考升学模式，他们有愿意将孩子送到国外接受高等教育。刘学在与学生家长交流时发现，留学中介介绍的学校比较固定，很多并不符合学生的特点。与其在有限的几所学校中选择，不如去日本开发更多适合学生的学校。2014年5月刘学亲自赴日本拜访各个学校，并与东京3家日本语学校建立合作关系，重庆松山教育开始走进日本市场。通过几年的努力，至2016年1月松山日本语已与日本20家语言学校达成合作协议。松山教育根据每个学生的需求帮其选择适合的学校，很多培训学员顺利进入自己满意的学校和专业学习。2014年，某公司找遍了所有培训机构，想开展日本游学项目。但由于风险大，且资金不充裕，多数语言培训学校认为带着学生赴日本游学，劳心劳力且背负重大安全责任，不愿意开展此项业务。这一次，刘学抓住了商机，勇敢地开拓起这一块市场。由于每一次游学刘学都亲自带队，照顾学生的生活起居，教授学生做料理，让其体验留学生活，且每一次游学她都要认真总结经验教训。由于刘学不断总结经验教训，松山教育逐渐形成了独具特色且相对完备的游学项目系统。刘学的国际游学项目至2018年1月已成功举办了八届，招生范围覆盖全国各地中学和高等院校。随着留学中介和游学业务的开展，松山教育与日本多家酒店和民宿公司建立合作关系。随着国内居民海外购房需求的上升，经济条件较好的家庭有了在日本购房的需求。针对市场需要，刘学多次往返于日本并和日方沟通协调。2016年7月松山教育正式进军日本房地产，业务范围扩展到一个新领域。现在该项业务发展势头良好，客户不仅来自重庆，还有来自北京、上海等一线城市。

做事先做人

当然松山教育发展过程中，不可能一帆风顺。刘学也曾遭遇发展的瓶颈期。2011年日本3·11地震，日本经济等各方面进入低迷期，日语培训和出国留学业务受到较大冲击，这对日语培训教育机构的影响非常大。幸运的是刘学工作中一直秉承做事先做人的原则，让她结识了很多朋友。通过朋友介绍，她得知某软件公司和重庆文理学院合作办学培训软件人才，由于师资短缺，重庆文理学院招聘日语教师。于是，刘学前往永川参加招聘考试。试讲课上，她生动的讲解受到了一致好评，在40位试讲者中脱颖而出。当文理学院和她谈合作的时候，才知道她不仅是个人而且还带领一个日语教学团队，很快刘学和文理学院达成协议，开展为期4年的合作。经过培训的大学生不少考取了日本语能力测试2级或3级证书。通过此次合作，松山教育顺利渡过危机。经历风雨后的重庆松山教育已进入平稳发展期，并逐步走向更高层次。

将所学知识用于工作中，是刘学创业的起点。在创业过程中不断发现新的商机，并踏踏实实将自己的想法付诸实践。相信刘学的松山教育一定会在国际化的道路上越走越远。

【导师点评】

1. 夯实基础，不为创业而创业

作为大学生，无论今后做出怎样的职业选择，首先要学好专业知识。专业知识是职业发展的根基，是保持自身独特性的坚固壁垒。大学期间专业知识的学习，为刘学今后的就业和创业打下了良好的基础。

同时，工作经验同样重要。刘学工作了8年才开始创业。刘学的创业并不主动，而且还带有几分“赶鸭子上架”的意味。但是在福特工作的经历让她了解到，步入社会沉下心来，才能够深入地了解一个行业；才能发现这个行业的弊端和需求，才有可能创业成功。如果仅仅为顺应创业热潮，盲目地创业，那么这种创业注定无法经受市场的考验。

2. 踏实努力，提升自我

“越努力，越幸运”，这是刘学创业经历的真实写照。8年的工作经历，让她意识到做事要真正安下心来，切切实实地做好每一件事情，处理好每一个细节，做到极致。不断提升自己的核心竞争力，在机会来临时方能抓住。她曾经为某日本机构担任翻译工作，由于把工作中每个细节安排很到位，受到了主办方的好评，从而为松山教育在重庆日语教育界打响了名气。

3. 注意整合资源，善于把握商机

创业过程中，刘学很注重资源的积累与整合。她利用自己的专业优势与书城经理建立了良好的关系。通过建立“公益日语角”平台，更大范围地建立了人脉关系网。这个人脉关系网，为她赢得了和日本领事馆建立长久合作关系的机会；为其后续开展留学游学以及房地产相关业务奠定了基础。

善于发现商机，是创业者应具备的基本素质。刘学在开展日语培训业务过程中，发现中介机构提供的学校有限，并不是所有学生都适应。她就通过个人关系，走访多家日语学校并和他们签订合作协议，拓宽留学中介服务。当别人怕担风险拒绝开展相关业务时，她毅然承接了访学游学业务。在开展留学和游学业务过程中，她发现越来越多的国内居民愿意到日本购房，于是刘学的业务触角伸展到了房地产经纪领域。刘学善于发现需求，勇于创新。创业成功绝非偶然，她一直在路上。

英雄梦想
——编织中意文化纽带的民间使者

人物志

姓名：杜攀

入学年级：2007 级

入读院系： 法语系 （现更名为法语意大利语系）

就读专业： 意大利语专业

创业项目

2015 年，在中意合资科技集团工作 4 年后，杜攀回到家乡重庆，创立重庆渝舟意行文化传播有限公司。渝舟意行取促进中意文化交流之意，涉及跨境企业管理咨询、进出口贸易、商旅等多个领域。

【创业故事】

情不知所起，一往而深

2009年意大利商务部副部长访渝。凭借专业第一的优异成绩，杜攀入选重庆市副市长的随行翻译，跟随老师一起接待了意大利贵宾。“那时候，整个重庆会讲意大利语的中国人应该不超过25个，其中23个是我们班同学，2个是我们班老师。”杜攀说笑道，“当时重庆与意大利等欧洲国家的交往，相对其他大城市来讲是比较少的。能够被选上很兴奋，提前认真地做了很多背景调研，并对经济层面中意双方如何开展合作有了些初步思考。现在看起来虽然不成熟，但当时给外宾还是留下了比较深的印象。当时意大利副部长对我说，没想到在重庆这样的内陆城市，还会有四川外语学院这样的好学校和像我们这样优秀的学生，还特别鼓励我有机会到意大利留学深造，将来为中意友好交往做贡献。”

正是这段不平凡的经历让当时正就读大学二年级的杜攀，悄然萌生了促进重庆与意大利文化交流的想法。随后几个月，杜攀赴意求学。

2009 年，杜攀接待意大利商务部访问重庆

过硬的专业能力为成功筑基

在校期间优异的成绩为杜攀赢得了公费留学意大利的机会。同其他同学直飞意大利的出行方式不同，杜攀选择了坐火车到广州，从泰国转经埃及，再由埃及到意大利的周转多国路线。两相比较，不仅在于路程的长短不同，对于第一次独自远行的杜攀，后者更是对其勇气、能力的检验。到达意大利后，他未与校方联系，而是凭借优秀的口语能力，一路搭乘火车、公交。就在校方担心他是否失踪了的时候，杜攀奇迹般地出现在报到处，并用意大利语将这次旅行经历完整地复述了一遍。校方对他娴熟的意大利语感到很惊讶，杜攀因而成为当年唯一免于口语考试的中国学生，且是四川外语大学当时唯一一名拿到意大利语语言能力 C2 证书的学生。

出色的工作能力赢得赞誉

毕业后，杜攀顺利拿到了跨国公司菲仕集团的工作机会，开始了其在异国他乡的打拼。刚进入菲仕集团，就有一道难题摆在他面前。因文化上的差异，公司里不同文化背景员工关系很僵，以致许多工作无法正常开展。杜攀作为“外国人”“新人”，在公司受到了不公正对待，他的工作邮件没有人回应，他提出的方案得不到重视。虽然工作环境不好，他却没想过放弃。他说：“我并不觉得这是问题；相反，这是一个机会。我的个性其实有一些叛逆的，不服输；逆境反而能激发我去改变创造的斗志。”

渐渐，杜攀发现只要在跨文化团队间构建一套完备的沟通流程，就能缓和文化差异导致的矛盾，提高运作效率。在此基础上，他设计了一套自检反馈系统，使同事间合作效率得以进一步提升。杜攀的努力得到大家一致认可。慢慢地，很多同事都和他成了无话不谈的朋友，大家开始关心他在意大利的生活。工作两年，25 岁时，杜攀被提拔为菲仕集团负责意大利业务的项目总监，是集团最年轻的华人总监。

初出毛驴的大学生，如何能够尽快成长？杜攀认为，有一颗好奇和敬畏的心很重要。好奇是要对新鲜事物怀有热忱，敬畏是要永远记得虚心以待。只有你想学，才会有人愿意教。只有这样才有可能从工作中汲取养分，得到成长。尽管离开菲仕集团多年，但杜攀依然和菲仕集团的领导及同事保持着非常良好的关系。“我很感恩从菲仕得到的一切。尤其是集团总裁任文杰先生曾经教授给我的做人做事道理，从很大程度上塑造了我的工作态度和为人处世的价值观。有一点印象很深，任先生作为成功的企业家，他每周六都在公司工作，风雨无阻。这种勤奋和专注，对我的触动很大，后来我也养成了一周工作至少六天的习惯。”“那会不会很辛苦？”杜攀笑了一下，思考了一会说到，“我确实不知道怎么回答，有重庆的‘棒棒’苦吗？没有。年纪轻轻，本来就是拼搏的时候。所以我不觉得辛苦，反而为获得的机会和挑战感到兴奋和幸福！”

心怀故里，毅然回渝

为什么放弃意大利跨国集团公司优渥的待遇与锦绣前程？这与他促进中意文化交流的热忱是分不开的。作为一个土生土长的重庆小伙子，工作过程中，他发现意大利人对家乡重庆一无所知。“他们对中国的认识仅仅停留在北上广三个城市，包括很多工作中接触的受过高等教育的人，对于中国的认知都相当有限。你要让意大利人猜你哪地方的人，估计十个人里面有八个人会说你是北京人或上海人，因为他们只知道这两个城市；另外两个可能一个说你是日本人，一个说你是韩国人。”

2014年底，杜攀得知意大利准备在重庆设立领事馆，便萌生回家乡重庆发展的念头。数年前接待意大利宾客时他就想，可不可以架设一道桥梁，把重庆介绍给意大利，从意大利引入优质项目资源。

很快，2015年杜攀辞去待遇优厚的工作，回到了重庆，即使这是一场从零开始的冒险。

他说："刚开始也犹豫过，毕竟回到重庆一切从零开始。但机会与挑战总是并存。重庆作为新一线城市，有着巨大的市场潜力，这也是为什么意大利领事馆会选择重庆的原因。同时，重庆及西南地区有很多优秀企业和优质品牌产品，完全可以向国外市场推广。可国际化做什么怎么做，对于民营企业来说，是一件难以落地的事情。总之，虽然充满挑战，但这中间也蕴含着巨大前景。"

心怀梦想，苦中有乐

"创业之路并非一帆风顺，困难比想象的要多很多。"杜攀回忆道。回到重庆后，杜攀组建了一个小团队，他选择的第一个中意项目是定制旅行。"因为在欧洲几年，确实把所有好玩的地方都玩了一遍。当时定制旅游是一个风口，在北京、上海、广州等一线城市定制旅游已经非常成熟了，所以我们判断肯定有市场且也算是熟习的一个领域。随后我们设计了非常精美的行程，自我感觉良好，信心满满，断定市场一定会接受并喜欢这种不同寻常路的路线。"然而经过几个月的市场推广，结果事与愿违。重庆本地客户，更多还是希望去那些人气更旺的景点，旅游购物大过文化与心灵体验。

"砸了不少资金进去，收入却寥寥。想不通游客为何宁愿去人山人海的地方购物消费，却不愿去感受异国风情与文化情调；同时，做单纯旅行和我想要搭建的商务、文化交流愿景格格不入。真是很沮丧，但沮丧解决不了问题呀。过了一阵子，我开始反思。”在与客户接触交流过程中，杜攀发现很多游客会有一些深入需求，以前我们“定制”的只是行程，满足不了游客的深度需求。

“所以，后来我们把定制对象变成了‘人’，之前我们是闭门造车，做出自认为‘定制化’的产品，拿出去推广宣传。现在我们会先和客户沟通，了解其所在的行业、工作、喜好，甚至家庭婚姻状况。例如，客户是某个行业的专家，那么我就会利用在欧洲丰富的社会人脉资源，为其安排参观访问国外相关行业，与国外的同行甚至潜在的供应商或客户交流的机会。慢慢地，我们也可以把国外的企业和企业家往国内引进，从而形成良性双向交流，对促进双边合作有很大帮助。这就是我们公司业务之一——‘意行商旅’的初衷。”

自此杜攀找到了创业方向，虽然熬夜加班成为常态，但内心非常充实。有一句话是这么说的，“叫醒你的不是闹钟，而是你日夜追寻的梦想。”在被问及创业是否辛苦的时候，杜攀回答道：“有多大的梦想，就有多大的力量。辛苦是一种常态，但只要精神上是满足的，体力上的辛苦就可以承受。”

杜攀向热那亚世贸中心（WTC）推介重庆两江新区

不忘初心，创业小成

“在与很多企业家打交道的过程中，我发现国内很多企业尤其是民企，面对激烈竞争，很渴望去开拓海外市场，抑或是要引进海外先进技术、人才等。结合国家的‘一带一路’倡议，想要趁势而为；但又缺少对海外市场、渠道的了解，投鼠忌器，不敢出海。反之，海外很多中小企业，想要进驻中国，同样面临同类问题。而市场上能够提供这类服务的机构实在太少了，我认为这是我们的机会。”为此，杜攀创立了 Panotion(潘诺行) 咨询机构。专门为欲开拓欧洲市场的本地企业和想要进驻中国尤其是西南市场的欧洲企业提供本地化战略、渠道、市场及运营等方面方案。“Pan 是英文 Panoramic, 即‘全景’的缩写，与意为‘概念’‘见解’的英文单词Notion相结合，取意‘全景理念’。我想我们是理解内外双边市场的，可以站在更高角度，全面理解企业所面临的困难与机遇，为其出谋划策，做全景化的战略布局，并提供相应解决方案。在中意间来回奔走，将意大利以及欧洲最新的商业信息带回重庆，把重庆新近的发展介绍给意大利和欧洲各国工商界。短短一年间，“渝舟意行”及旗下“潘诺行”咨询机构，已经吸引了一些投资人的注意，并投入百万资金助力发展，创业可谓小成。创业过程中，杜攀深感创业是一种责任，不仅承载着个人的梦想，也肩负着传播中意文化的重任。他希望通过“渝舟意行”，与中外各界朋友共同努力，真正把重庆与意大利及欧洲各国紧密连接起来，共同发展。

这两年是“潘诺行”蓬勃发展的两年。目前，“潘诺行”已与法国零售业巨头欧尚集团、意大利新零售巨头Eataly，意大利食品供应链巨头Simply Market，Sapori di Toscana、米兰餐饮协会、意大利维多利亚保险公司、国际律所、审计所等建立了友好联系，促进了重庆与欧洲各地间的商业交流。2017年，“潘诺行”为重庆两路寸滩保税港区提供了重庆自贸区“重庆小镇”奥特莱斯项目方案，推动了整个两江新区自贸区大格局的进一步形成。同年，“潘诺行”接受重庆两江新区高科集团有限公司委任，成为重庆涉外商务区二期星汇财富商业项目和高科山顶总部的策划及招商执行单位。2018年，“潘诺行”成为意大利Etruria集团、La Montina及Le manzane中国唯一咨询单位；同时“潘诺行”将与知名企业合作，把中国的茶叶、重庆的火锅带往欧洲。

杜攀个人，2017 年 2 月意大利总统访渝期间，再次担任副市长刘桂平的随行翻译；参与总统代表团接待工作，并被意大利总统的翻译称赞道：在中国见到的最好的意大利语翻译。同年 4 月，杜攀受到意大利锡耶纳省省长的亲切接见，并因为对中意文化交流所做贡献而得到表彰。同年 10 月，杜攀受河南省商丘市政府委托，接待了意大利普利亚大区政府商务考察团，促成直接外资投资 2000 万欧元……

愿做一名传道者

“在‘互联网+’时代，传统文化产业需要新的传道者。”杜攀说：“拿茶叶为例，中国茶叶卖了几百年上千年，是世界上茶叶种植面积最大的国家；可国际上和茶叶有关的行业标准，基本上和中国没有关系，都是英国等国家制定的。”

“我们不仅要卖茶叶、卖火锅，就像星巴克卖的不是咖啡，是咖啡文化一样；我们希望借助‘一带一路’倡议，对中国传统、中国特色的东西，进行高效推广和传播。在产品趋于同质化的今天，只有做出品牌溢价，才有机会赢得市场，在竞争中脱颖而出。这恰好是很多企业尤其是中小企业所欠缺的，并希望转型完成的。我们希望可以运用我们的国际化视野和专业知识，在企业转型的这一过程中贡献力量。”

感恩过往，不惧未来

聊到自己的学生时代时，杜攀眼中闪着光。他感慨自己是非常幸运的，对当时的外籍老师 Andrea Casetti 和时任教研室主任杨琳老师充满了感恩之情。“他们是我见过最勤奋、最热心，从心底里真心关心每一个学生的最好的老师。老师教会我们的不单单是专业技能，还有一颗单纯、拼搏的赤子之心。”

对于未来，杜攀说：“我们会秉承‘追求卓越’的价值理念，继续‘助力一带一路，服务中欧产业’的事业追求，更好地为中欧企业服务，争取把‘潘诺行’打造为中欧细分领域的‘安哲森’。”“至于结果怎么样，我不知道；但我相信生活是公平的，只要坚持下去，一定会有收获。退一步说，即使最后失败了，那也收获了不平凡的人生。”

在被问及对学弟学妹们有什么寄语时，杜攀说：“首先，作为大学生，要知道自己想要的；要对自己有清晰的定位，知道自己将来该往哪走。一定要努力学习专业知识，厚积薄发。只有提高了自己的专业技能才能更好地迎接工作中的挑战。我并不建议过早创业，因为创业这件事，并不适合所有人。创业成功需要天时、地利、人和，受很多因素制约影响。如果一定要创业，我也建议大家先积累一些工作经验，提升实战技能，并确定自己是否具有持之以恒的精神和强壮有力的身体。因为在创业前期，付出多，收益少，对精神和体力都是考验；同时必须有一种近乎偏执的精神，才能把事情做到最好。”

杜攀在公司

【导师点评】

1. 夯实基础，一点一滴积累

马云说过：“这个社会是需要有智慧的人的，智慧靠实践得来的，而知识是靠勤奋得来的。”杜攀，就是一位智慧的实践者。他工作4年后开始创业，并且选择了他最熟悉最擅长的跨文化交流领域。大学时期习得的扎实专业技能，工作中应对跨文化冲突的游刃有余，最终使得杜攀的创业成为其个人职业生涯的必然选择。因为熟悉，得以发展；善于思考，必然创新。

2. 细分市场和客户，打造特色产品

在成熟市场中开拓新市场，在客户群中寻找特定群体，是杜攀创业成功的关键。目前，定制旅游冉冉升起，市场空间巨大；然而，杜攀并没有随大流，而是充分结合自身在意大利丰富的人脉资源，把业务深度细分为意行商旅。区别于普通的打卡旅游，搭建起国内企业家到意大利商务考察平台，进而形成双边良性双向交流。

3. 理想与坚持，眼光与胆识，大格局助他实现创业梦

于丹说得好:“成长问题的关键在于自己给自己建立的生命格局。”得益于之前在意大利留学及国内多角色实践经历，杜攀积累了丰富的职场经验。面对创业路上的重重艰险，杜攀迎难而上，有胆有识；做创业项目筛选时，远见卓识，眼光独到，紧密契合国家的发展战略，聚焦市场商机真空地带，最终名利双收。在这个知识不断更新的世界，创业者要不断刷新自己的知识结构。唯独做到了大境界、大格局，方能成就大事业。

语言之韵
——专业情怀造就的创业之路

人物志

姓名：赵韵

入学年级：2008 级

入读院系：俄语系

就读专业：俄语语言文学

创业项目

重庆试说新语多语种培训/翻译服务有限公司，成立于 2012 年，涉及英、日、韩、俄、法、德、意大利、西班牙、阿拉伯、荷兰、泰、马来、印尼语等语种的培训学习及翻译服务。

【创业故事】

试说新语公司图标

志同道合的创业团队

试说新语创始人之一赵韵，是四川外国语大学俄语语言文学专业 2012 届本科、2015 届硕士毕业生。在校期间赵韵在专业老师推荐下，承接了不少口笔译稿件及家教辅导工作，累积了不少经验。之后与三个志同道合、具有小语种专业背景的创业伙伴开办了这家公司，算是专业对口。试说新语创业团队成员均具有硕士及以上文凭，既有从国外留学归来的优秀海归，也有重庆本土高校的语言学精英教师。

谈到创业过程，赵韵说：“创业初期我们既没有渠道人脉，又没有经验资金，生源是最大问题。但我们几个人团结一致共同想办法解决问题，大家一起齐心协力。” 三个人拿着自己积攒和家长支持的 20 万元的初始资金，从小做起。创业团队贵精不贵多，致力于打造特色课程：精品 VIP 私人定制课程。该课程完全以学生为中心，规划课时及具体课程，力争用最短课时，帮助学生学到最有用的语言知识。

试说新语工作室

源于校创业大赛的创业计划书

扎实的专业依托、大量的翻译和家教经验让赵韵萌生了创业的冲动并捕捉到了机会。为了论证项目的可行性，赵韵带队参加了四川外国语大学 2016 年创业大赛，创业前期做了详细的策划方案，他们的创业计划书经校指导老师多次论证和修改最终获得了校赛一等奖。这更坚定了赵韵团队成立重庆试说新语多语种培训、翻译服务有限公司的步伐。赵韵淡定地说，“我们做好最坏的打算，但抱有最好的心态。”

试说新语的方向

基于重庆试说新语外语学习中心多语言教学，轻松特色的教学环境，个性灵活的教学方式，专业权威的师资力量，从而成为学员值得信赖和推荐的外语教学基地。线下设有白班、晚班、周末班、寒暑假班、VIP 班等各类型班级；同时中心官网架设线上课程学习平台，推出多语种网络课程。

试说新语自建立之初就树立了“以学员为本”的企业宗旨，为广大学员提供一个诚信、开放、充实、向上的健康教育环境。试说新语将语言和文化相结合，尽最大力量帮助学员更好地适应国外的学习生活和工作。

试说新语的方向是做口碑、讲诚信。未来的目标是整合优秀教学资源，研发更适合学员的学习体系，打造线上线下多维立体教育机构，以精品课程帮助每一位学员用语言打开新世界的大门。

小而精的培训课程

顾问式服务

重庆试说新语外语学习中心配置学习顾问，全方面服务学员。为准学员做学习意向分析，并帮助其规划课程，包括选择要学习的语种，学习的时间、学习的强度等，做短期和长期语言学习规划。学员确定报名意向以后，学习顾问将为学员注册学籍，并配置教学资源，包括纸质教材、电子版教材、教学音频及其他配套学习资料（适用于学员的双语版电影，推荐相关国外学习网站等）。

在课程教学方面除了传统课堂教学方式之外，中心老师强调学员自身的语言学习。课堂之外，老师会布置一周的学习任务，尽量调动学员更多地利用课外时间学习。同时老师充分运用多媒体教学设备和国际一流外语教学软件，向学员呈现外语教学的新理念，让学员轻松自如地“习得”一门外语。

在学员完成一个学习阶段后，试说新语会提供多样化学习效果评估手段和报告，帮助学员进行自我水平测试、团队学习进度和效果监控、备考信息资料、出国学习准备等，以检测课程效果。

课程教学期间，由课程顾问和专职老师组成的教学团队提供课程跟进服务，24 小时在线收集学员问题并答疑。课程结束后向学员提供出国留学准备清单，帮助学员更好地适应国外的学习生活。同时，VIP 学员免费获得在线网络课程的学习机会。试说新语的新老学员可享有电了化后续学习支持，进阶学习建议指导，免费课程、活动信息优先送达，留学、移民、相关考试资讯免费提供等全方位、立体化服务。

百里挑一的译员团队

重庆试说新语翻译服务有限责任公司以完善的服务和优质的产品为国内外数千家客户提供了专业语言支持。服务范围涉及石油化工、工程、机械、航天航空、能源、汽车、法律、通信、出版、会展等 40 多个专业领域，客户包括中冶集团、重庆对外经贸集团、江苏常发集团、中交一公局、中化集团、西南物理研究所、中铁二院、大龙网等。公司还为电影《虎头骑士》制作团队提供了文字翻译服务，翻译了该片赴法国参加戛纳电影节相关资料。

试说新语的主要客户

依托丰富的行业经验和专业积累，试说新语将先进的质量管理体系、信息化管理手段和互联网技术成功应用于翻译工作全程质量管理中，实现了服务批量处理和系统化质量控制，成为服务全球的产业化语言服务企业。

作为一家新兴企业，试说新语倾力打造“充满活力，团结向上”的服务团队，努力培育“细心做事、诚心待人”的工作作风，着力于完善内部管理、提高服务水平、维护产品信誉、打造品质翻译。

合理的运作流程、严格的质量控制体系、独特的译员审核标准确保了试说新语的优质服务。多年的翻译实践和管理经验使赵韵和其团队深知，一流的翻译不仅取决于译员的语言知识和技巧，而且依赖于他们能否正确理解技术流程并准确地表达出其中的信息。试说新语严格按以下流程执行：分析—翻译—初审—复审—排印—质检—汇总。

赵韵和她的学员

作为四川外国语大学本科、硕士毕业生，赵韵曾担任过系文艺部部长、卡林卡艺术团团长。对于创业之路她想对学弟学妹们说：“一定要珍惜学校的美好时光，好好学好自己的专业知识，这点十分重要。当然在校期间可以参加一些社会实践活动，为进入社会打好基础。加油！”

【导师点评】

1. 勇于尝试、敢于实践

赵韵同学的创业之路看起来是水到渠成的事，作为小语种专业毕业生，她把在校期间的兼职经验作为自己创业的起点。但她大胆尝试的背后支撑是其多次校园社会活动实践，这一过程夯实了她的专业知识、锻炼了她的交流管理能力、训练了她的创业技能等。她不断提高自我，将知识与实践有机结合，形成独特的个人能力，从而用自己的智慧把创业梦想变成了现实。大学生应踊跃参与各种校园活动以及创新拓展训练、创业实训等社会实践活动，强化自身的行为能力，培育创业精神。

2. 借力母校品牌，整合身边资源

赵韵的创业路能走得相对轻松，其中关键在于她借助了母校的资源，为自身所用。四川外国语大学作为西南地区外语和涉外人才培养以及外国语言文化、对外经济贸易、国际问题研究的重要基地，四川外国语大学毕业生以卓越的语言才华和能力，受到社会各界广泛好评，为重庆市的对外交流与合作做出了贡献。在校期间赵韵经老师推荐做过翻译、语言培训等兼职工作。其间认识的专业前辈为其推荐了不少与各大公司合作的机会，拓展了试说新语的人脉和客户资源。遇到专业问题，赵韵还时常请教母校的各语种老师；而母校的毕业生也为公司提供了源源不断的人力资源。

通过整合身边资源使公司在短短五六年时间里迅速打开局面，开展了十几种语种的培训业务，并为涉及40多个专业领域客户提供优质翻译服务。可见如何将拥有的资源进行有效整合是创业者需要学习掌握的一项重要技能。

3. 致力于优质、独特的团队建设

赵韵并不是单打独斗，而是与两位志同道合、专业背景相近的同学合伙创业。在创业上，有共同奋斗目标的团队是赵韵走向成功的强大保证，“遇到问题我们会团结一致解决问题，永不放弃，大家一起齐心协力”。在创业初期团队更能体现优势。结合公司的业务特点，分工明确、各司其职，打造优质专业运营团队有助于公司的长足发展。赵韵在组建专业技术性人才团队时，很重要的一点就是注重合理安排团队成员岗位，做到人尽其才，这对公司的管理者来说至关重要。“懂得分享，在乎集体的成功，而绝不是独自拥有。”美国安利公司董事会主席提夫·温安洛先生道出创业精神的精髓：“只有分享成果，彼此扶持，团结在一起，才可以发挥最大的力量。”

知行合一
——筑起儿童教育城堡

人物志

姓名：万运馨

入学年级：2005 级

所读院系：德语系

就读专业：德语

创业项目

童果向上教育集团（重庆万宝童润教育信息咨询服务有限公司，重庆市沙坪坝区童果向上培训学校、重庆童果向上出国咨询服务有限公司、重庆童果向上旅行社有限公司），致力于为 K12 阶段的儿童提供教育、旅游、研学等综合服务。

【创业故事】

敢问敢为，把路踩在脚下

2007 年，一次香港之旅，让四川外语学院德语系大学二年级学生万运馨的观念发生重大转变。

香港地铁里拿到的一本免费 DM 杂志，改变了万运馨的大学生活。免费杂志，是一种新兴营销方式，免费向特定消费人群投放，以广告为盈利手段。但在重庆，万运馨还没有看到类似杂志，她觉得这是一个商机。要是能有本介绍重庆当地好吃、好玩的杂志该多好。有了这样的想法，回到重庆后她开始实地考察重庆校园广告市场，为了了解大学生群体的需求，她还在校园发过调查问卷。

大学二年级暑假。拉上两个志同道合的同学，利用平时勤工俭学的收入及向亲朋好友借来的资金，她注册成立了一家广告公司——重庆亿众传媒有限公司。之后，她又申请了 DM 刊号。创业之初的艰难对一个不谙世事的大学生来讲是显而易见的。万运馨和她的创业团队没有任何办杂志的经验，不知道从何入手。她们绞尽脑汁，搜罗参考了各种杂志。从封面设计、目录编辑，到风格定位、排版印刷。如果说编写杂志还难不倒她的话，那么为 DM 杂志招商这门学问，则真是难为她了。开始没有成品，她只能拿着一本尺寸类似的杂志给商家展示，她只能以诚意打动商家。然而，困难和阻碍都没能浇灭她创业的激情。她坚信：任何困难和阻碍，都会有对应的解决办法，她要寻找这些办法，并和团队坚定地执行。虽然前两期有些亏损；不过，团队成员发现开始有广告客户主动找上门来。消费有优惠，学生高兴；顾客多了，广告业主也觉得物有所值。随着杂志在重庆市各大高校和中学越来越受关注，杂志发行量逐渐上升到了 3 万多册，收支基本平衡。万运馨开始招聘大学实习生做校园兼职 DM 投放人。这样，不仅在各大高校都有杂志推销员，DM 杂志能得到更好地宣传推广，同时也给大学生提供了更多实习机会，还是节约成本的一个有效途径。经过一年多辛苦打拼，《麻辣校园消费》开始声名鹊起。看到这种情况，万运馨更有了做下去的信心，“将创业进行到底”。在消费群体与商户之间，万运馨找到了商机，成功扮演了桥梁和纽带角色，走出了一条适合自己的创业之路。

居安思危，不忘创业初心

作为一名在校大学生，同时又是一个创业者，万运馨的大学生活是忙碌充实的。正所谓“天道酬勤”，付出终究会有回报。杂志越来越好，社会各界开始对她和她的团队关注起来。媒体连续的报道提升了杂志的影响力，但同时也带来了压力。不过万运馨和她的团队并没有被压力压倒，反而更坚定了她们齐心协力办好杂志的决心。2009 年 6 月，万运馨即将毕业，进入社会。毕业之际，她被评为四川外语学院“创业先锋”，创业项目“麻辣校园消费 DM 杂志”获得四川外语学院应届毕业生就业创业基金一等资助，学校资助一万元。这是四川外语学院作为母校对学子创业成果的积极肯定和鼓励。同月，喜讯再传，共青团重庆市委、重庆市学生联合会聘万运馨为重庆市大学就业创业指导导师。万运馨是本届获此殊荣的 10 人中唯一一位女大学生，重庆市委副书记张轩同志亲自给她颁发了聘书。

签约仪式上的万运馨

万运馨并没有被眼前的成绩冲昏头脑，她的心中又燃起了新的梦想之焰。和刚踏进大学门槛时的年轻懵懂不谙世事相比，经过两年的社会磨练，万运馨干练了许多，也强大了许多。在应聘几家不错的企业后，再次创业的念头越发浓烈清晰。她决定，做自己的教育培训机构。在她心里，一直都有个教育梦想。当她把自己的真实想法告诉老师和朋友时，大家都被她的想法所感动，一致支持她。依托自己的专业优势，结合大学里的优势教师资源，她开始着手创办自己的教育培训机构。她一面紧锣密鼓地联系身边优秀师资，为申请资质做准备；一面和团队成员考察重庆市培训机构情况，了解相关机构的教学情况、办公环境、管理模式、运作方式，了解行业发展和市场前景。有过创业经历的她，很清楚博观约取，厚积薄发的道理。在调研过程中，万运馨学到了很多。万运馨暗自下定决心，一定要办出一个像样的培训机构来。经过毕业前半年的努力，她顺利拿到了办学许可资质；同时以相对低廉的租金在一个中学附近租到了两块不错的场地，苹果教育应运而生。

对于一个新生的教育培训机构而言，想在强手如林的市场竞争中存活下来，光有场地、资质、老师是不够的；生源是最重要的生命线，招生成了摆在她眼前最大的难题。她利用之前积累下来的创业经验，和创业团队一起亲力亲为做宣传、招生、报名、培训、维护和管理等每一个环节工作。每一个细节都要仔细反复考虑掂量，为的就是得到学生和家长认可和信任。经过半年发展，苹果教育顽强地存活了下来。与此同时，她不断网罗优秀高校教师加入她的创业团队，同时公开招聘优秀大学生及社会老师加入苹果教育这个崭新且有活力的机构。为了帮助在校大学生解决实习问题，寒暑假期间苹果教育招聘大量在校大学生担任实习班主任。

童果向上集团的办公环境

万运馨依托专业优势，开始在重庆市各高校和中学力推苹果的小语种培训。苹果教育针对小语种学习规律，研发具有自身特色的专门教材。针对语言爱好者的十日通彩虹培训项目，让广大语言爱好者能在短时间内快速、准确地掌握一门小语种语言的基础发音规律、语法和日常交流规则技巧。项目一经推出，便得到广大小语种学习者的青睐。迅速占领了小语种外语培训市场，在重庆市各大高校渐渐有了口碑。经过一年多时间，在万运馨和她的团队苦心经营下，苹果教育迈上了一个崭新台阶。随着基础教育和小语种培训板块业务量的扩大，原来的场地已经不够用了。2010 年 10 月，万运馨毅然在重庆市繁华的教育区步行街租下了 800 多平方米的商业用地，并进行了精美布置，用作苹果教育的总部。万运馨将校区打造得很温馨，和其他培训学校相比，无论规模还是装修风格苹果教育都有自己的特色，得到了学生和家长的肯定。被问及原因，万运馨认为，这里不仅是一所培训学校，更是学员们的第三空间。她希望学员来到这里，可以开心主动地学习。她衷心希望把苹果教育打造成为学校和家庭之外的第三个学习空间。对于未来，她充满信心。万运馨说，她要带领她的团队，带领苹果教育在未来 3~5 年，成为重庆市教育培训行业的领航者。

砥砺前行　圆梦教育人生

在学校运营逐渐走上正轨后，万运馨带领团队管理层制定了促进学校发展的一系列规章制度。健全的规章制度，是完善学校管理的必要措施，如苹果教育领导责任制度、办公室考勤制度，苹果教育班主任管理职责、苹果教育人才管理制度、苹果教育员工福利手册等。除了通过相应制度来规范和促进学校的发展外，万运馨还特别叮嘱每位管理班主任，在管理班级过程中，要特别注重管理服务细节。因为她知道态度和细节往往能够决定一个企业能否经受住考验，影响其生存发展。每一位任课老师到苹果教育上课，管理班主任都会热情地递上热茶，给老师准备好上课资料；并和任课老师亲切交流，让老师有宾至如归的感觉。对待学员同样细心、贴心，在第一时间解决学员的困难，让每一位把孩子送到苹果教育学习的家长放心。细节和态度，让她的团队拥有高度的凝聚力和较强的战斗力。

从重庆沙坪坝区苹果教育培训学校，到重庆苹果出国咨询服务有限公司，再到 2016 年底 2017 年初的华丽转身，经过几年的发展壮大，最初的苹果教育已经蜕变成为童果向上教育集团。旗下拥有：

重庆万宝童润教育信息咨询服务有限公司、重庆市沙坪坝区童果向上培训学校、重庆童果向上出国咨询服务有限公司、重庆童果向上旅行社有限公司。全职员工近 60 人，兼职教师团队约 100 人，兼职实习班主任、签证助手等实习大学生约 100 人。

快速发展中的童果向上集团

2016 年，教育部等多部委联合发文，推行研学教育课程。童果向上抓住机遇，迅速响应政策号召，根据多年国际冬、夏令营实际经验，建立健全并不断完善童果研学课程体系。“以 99 个标准，1 条线路”为课程标准，推出走遍世界国际研学课程，走遍中国国内研学课程，走遍家乡发现重庆市内研学课程等系列青少年研学课程。足迹遍及全国和欧洲、美洲、亚洲、大洋洲等 30 余个教育科技发达地区，与全球优质教育资源建立了战略合作关系。与重庆市内 40 余个区县景区基地、国内 40 余家优秀企业合作，首创国内最高研学课程上线标准 CPO 评估体系，课程获得系列国际标准品质认证。

2017年4月，童果向上成功举办重庆市青年企业家协会关于“落地青少年综合素养，协作社会实践大课堂”企业家走进童果向上的高峰论坛，重庆近十家有影响力的媒体相聚报道。活动通过开展综合素质教育科学素养的课题互动展示，让传统教育和现代教育碰撞，探讨创新素质教育的未来发展。借此时机，青企协会员单位“童果向上”发起“落地青少年综合素养，协作社会实践大课堂”教育公益倡议活动。在企业能力范围之内，为重庆市青少年综合素质教育特别是社会实践大课堂提供信息、文化传播、场地以及课程开发等各类资源支持；共同担当社会责任，助推重庆市青少年健康成长，为重庆市公共教育事业的发展做出应有的贡献。

企业要生存、要发展、要壮大，必须有源头活水，根据社会需求不断开发新产品新市场。万运馨以其敏锐的市场眼光和大魄力。不断发展壮大团队力量，适应瞬息万变的社会需求和市场变化，以不变应万变，以变化求生存和发展。万运馨走得很真实，很踏实。

【导师点评】

1. 用心体验才能发现商机

万运馨对商机的把握力，对风险的预测力，对环境的适应力，这些特质让她成为一位优秀的创业者。在项目的选择上，万运馨通过平时的思考、观察、发现了痛点，并发展为创业项目。她结合自身经历，敏锐地发现市场的商业空白，《麻辣校园消费》孕育而生。在庞大的大中学生消费群体与各种商户之间，万运馨找到了商机，扮演了桥梁和纽带角色，从而成功地走出了一条适合自己的创业之路。

2. 坚持自主研发，铸就竞争实力

万运馨选择了自己最熟悉、资源最丰富的领域——教育行业，并坚持不懈，努力拼搏。凭借敏锐的商业嗅觉，业务从单纯的小语种培训扩展到儿童教育，紧紧把握青少年教育中研学板块的前沿资讯，牢牢占领行业最高阵地。可谓是乘势而为，商机无限。万运馨充分把握国家政策导向，深入挖掘没有被满足的细分市场需求；通过自主研发新产品填补市场空白，闯出一条属于自己的天地。